· 经济管理学术文库 ·
本书得到教育部“211工程”三期子项目“中国特色的公共管理与公共政策学科平台建设”的资助

自然垄断行业管制改革比较研究

Comparative Study on Regulation Reform of Natural Monopoly Industry

李　青／著

经济管理出版社
ECONOMY & MANAGEMENT PUBLISHING HOUSE

图书在版编目(CIP)数据

自然垄断行业管制改革比较研究/李青著．—北京：经济管理出版社，2010.4

ISBN 978－7－5096－0940－8

Ⅰ.①自…　Ⅱ.①李…　Ⅲ.①垄断－产业－经济体制改革－对比研究－中国　Ⅳ.①F121

中国版本图书馆 CIP 数据核字(2010)第 051401 号

出版发行：经济管理出版社
北京市海淀区北蜂窝 8 号中雅大厦 11 层
电话：(010)51915602　　邮编：100038

印刷：北京瑞哲印刷厂　　经销：新华书店

组稿编辑：陈　力　　责任编辑：陈　力
技术编辑：杨国强　　责任校对：超　凡　曹　平

720mm×1000mm/16　　12.75 印张　　201 千字
2010 年 5 月第 1 版　　2010 年 5 月第 1 次印刷

定价：28.00 元

书号：ISBN 978－7－5096－0940－8

目 录

导论

第一节 研究背景

20 世纪 80 年代以前，世界上大多数国家都信奉传统自然垄断理论的教条，对电信、电力、铁路、供气供水等传统理论认定的自然垄断行业实行严格的市场进入管制，以保证实现规模经济的效率，并通过价格管制来维护消费者利益。从 20 世纪 80 年代初开始，以美国和英国为代表的许多发达国家纷纷放松管制，实行开放与竞争的政策，积极引入市场竞争机制，并通过管制方法的变革来促进企业绩效的改善。自然垄断行业独家垄断经营的原有格局被打破，私有化的趋势日益显现。

我国自然垄断行业的改革也起步于 20 世纪 80 年代。不过，与发达国家大刀阔斧的改革相比，我国的改革是从局部微调开始的。20 世纪 80 年代前期的改革集中在价格上，为了消除价格中的大量隐性补贴及由此产生的扭曲，政府对某些行业的价格进行了调整。80 年代中后期和 90 年代初期为了提高企业的生产积极性和效率，进行了分配制度方面的改革，实行了承包制，如铁路行业的大包干、电信行业的利润承包等。从 90 年代开始，自然垄断行业的改革开始触动到实质性问题。这个时期的改革是以塑造竞争格局，构建市场型的管制体制为主题的。例如，民航业在政府的主导和协调下，实施了大范围的企业重组，其五大集团竞争局面基本形成；在电信业，从最初向中国联通发放基础电信牌照，扶植其成为中国电信的第一个竞争对手，到后来对中国电信先纵向拆分，再横向拆分，以及向中国铁通、中国网通开放基础电信市场，使我国电信业的长话、移动和增值服务形成了一定程度的竞争；在电力业，鼓励集资办电和其他各种融资方式，试行厂网分开的改革，在发电领域引入竞争机制，2002年全国电网的拆分以及国家电力监管委员会的成立，近年来大用户直购电试点的实施则更是表明了政府打破自然垄断行业改革坚冰的决心；在铁路业，从20世纪90年代末起不少地方铁路局相继实行了组建“网运分开”的改革，取得了初步成效。

自然垄断行业一直是我国市场化改革的边缘地带，改革进展缓慢。尽管20世纪90年代中后期以来，改革在局部领域已经取得了较为显著的成绩，但是从总体上来看，无论是与国内其他行业，还是与发达国家的同一领域相比，我国自然垄断行业的改革步伐仍然明显落后。

与国内其他行业相比，经过30年的市场化改革，一般工商业的国有垄断格局已经被打破，市场竞争激烈，产权多元化程度高，而在自然垄断行业，收费不合理、服务水平偏低、企业成本费用居高不下等与垄断密切相关的弊端依然较为突出。

虽然我国与美国、英国等发达国家自然垄断行业改革的起步时间相近，但是，发达国家的自然垄断行业已经完成了从自然垄断走向竞争的过程，像电信这样技术发展迅速的行业的市场结构甚至出现了从竞争走向经济性垄断的趋势。而我国目前还处于从垄断走向竞争的探索阶段，市场机制的作用仍然在较大程度上受到抑制，如曾经出现的铁路票价上涨与听证、民航机票禁折、手机单向收费与漫游费争议等事件，无一不反映出改革过程中的种种矛盾、纠葛和束缚。此外，法制是管制的题中应有之义，在这方面我国也明显落后于发达国家。立法先行是发达国家改革实践的一大特点，如美国基础电信领域的开放就是以1996年新《电信法》为依据的，它对促成美国电信业改革的成功具有里程碑式的意义。而我国到目前为止，能够指导改革实践的真正意义上的法律还相当缺乏，先实践再改革似乎已成为我国自然垄断领域改革的锁定路径。立法滞后导致交易成本和人为因素加大，增加了改革的不确定性。

改革落后的结果是企业的低效率与高回报共存，不但损害了经济效率，还造成了严重的社会不公，引起了社会公众的普遍不满。据学者测算，2003～2005年我国电力、电信、民航、铁路年均垄断社会成本分别高达1806.998亿元、1617.03亿元、61.90亿元、83.975亿元，占GDP比例分别达1.216%、1.042%、0.025%、0.078%，合计占GDP达2.361%[①]，垄断租金为垄断行业企业的低效运营和高收入提供了条件。

如果说自然垄断行业的垄断弊端给国内经济和社会造成的社会福利损失是深化改革的内在要求，那么，经济对外开放带来的国际竞争则是现实的外在压力。加入世界贸易组织标志着我国经济与世界经济融为一体的趋势不可逆转。随着经济开放程度的日益增大，我国的自然垄断行业不可避免地将迎接前所未有的竞争和挑战，竞争对手中将有相当一部分是拥有巨额资本，管理和技术水平居世界一流的跨国企业巨头。著名的《财富》全球500强排名显示，尽管我国自然垄断大型企业已经跻身于世界一流企业，但在上榜的同行业企业中，仍然排名较后，竞争实力表现出劣势。根据2009年《财富》全球500强排名，在电信行业中，中国移动、中国电信公司、中国联通公司分别居于第99位、第263位、第419位，在同行业中无论是营业收入还是利润额都排在美国电话电报公司（第29位）、日本电话电报公司（第54位）、德国电信（第61位）、法国电信（第77位）等公司之后；在电力行业中，中国国家电网公司排在第15位，显出大国垄断企业的实力。但从发电企业来看，五大集团中仅有中国华能上榜，排在第425位，落后于法国电力集团（第57位）、意大利国家电力公司（第62位）、日本东京电力公司（第124位）、南苏格兰电力公司（第178位）、韩国电力公司（第305位）、日本关西电力公司（第324位）；在铁路行业中，中国中铁公司排名第242位，在同行业中落后于德国联邦铁路公司（第151位）、德国国营铁路公司（第209位）[②]。自然垄断行业是国民经济的命脉，关系到国计民生，改革怎样继续，将直接影响我国自然垄断行业的生存和发展乃至整个国民经济的运行。

总之，我国自然垄断行业改革已经到了关键时期，迫切需要找出当前改革

① 马树才、白云飞：《我国行政垄断行业的社会成本估计——基于塔洛克模型》，《辽宁大学学报（自然科学版）》，2008年第1期。

② http：//www.enorth.com.cn.

中的症结，在立足国情的基础上，借鉴和吸取美英等发达国家的经验教训，确立清晰的总体框架和切实可行的具体方案，以提高企业的效率和竞争力，消除社会不公，增进社会福利。

第二节　研究范畴与框架

一、研究范畴

虽然一般认为自然垄断管制属于产业经济学或管制经济学的范畴，但本研究并不完全局限于这一范畴①。

产业经济学和管制经济学研究政府管制的基本背景是市场经济体制。一切管制活动都是针对市场机制缺陷而生的，基本上是市场经济内部的事情。我国在 20 世纪 80 年代以前实行较为严格的计划经济体制，市场机制的作用微弱。对于包括自然垄断行业在内的所有领域，国家都实行了严格的管制，之所以也称为“管制”，是因为仅从表面形式上来看，这种管制与美英等发达国家改革以前的严格管制具有很大的相似性。但是，表面的相似并不能掩盖实质的差异。发达国家的严格管制是出于纠正市场失灵，提高社会福利的目的而实施的，或者在一定程度上是产业为了自身的垄断利益而主动寻求的。而我国计划经济下的管制制度本身却是计划经济体制不可或缺的组成部分。因此，按照管制的标准定义，计划经济下的管制并不能被称为管制。但是，考虑到这种计划管制与发达国家的市场管制有着相似的形式，同时为了便于比较，故也称其为管制。

20 世纪 80 年代以来，从放松市场进入和改革投融资体制开始，我国政府

① 作为微观经济学的分支，产业经济学主要研究企业的行为、市场结构以及市场运行绩效之间的关系，它为政府的管制政策或反垄断政策提供理论依据。管制经济学正是产业经济学中系统研究政府管制活动的一个分支学科。

逐步放松了对自然垄断领域的管制，这种放松伴随着市场机制的引入和对计划制度缺陷的克服。从一定意义上来说，在我国，虽然从严格的计划管制到管制的放松存在着像发达国家一样的政府管制与市场之间的替代关系，但是这种转变却不能简单地或完全用管制经济学的理论来解释①，而是需要从政府与市场关系这一更深的层次来展开探讨，因而本书的研究属于公共经济学与产业经济学的交叉领域②。

二、研究框架

本书遵循着“原有传统体制的比较—改革的一般性动因探讨—改革内容的共性及启示—改革后的现状比较—改革差异的原因分析—我国改革的深化—案例研究”的研究思路，运用比较研究与案例研究的方法，以作为发达国家代表的美国与英国的改革实践作为参照，展开研究。

本书第一章回顾了自然垄断行业的政府干预理论。政府干预在本书中包括两方面的含义：一是政府管制；二是作为产品和服务的直接提供和生产者。一方面，实施管制是基于自然垄断。为了保证规模经济，减少重复性建设和资源浪费，需要政府进行进入管制。同时，为了抑制垄断定价，增进社会福利，需要政府对定价进行管制。另一方面，政府直接提供与生产则是基于公共产品的特征。从公共性的角度，自然垄断行业又常常被称为基础设施，它所具有的公共产品和外部性的特点决定了该领域必须由政府介入，传统的干预方式主要是由政府直接提供和生产公共产品。尽管以上两方面的原因不同，但是都强调政府干预对市场机制失灵的弥补作用。两方面的原因相互印证与加强，为政府对

① 黄少安：《四元主体联合创新中国铁路体制——以广东省三茂铁路公司的创建和发展为例分析我国铁路管制的放松》，载于张曙光主编：《中国制度变迁的案例研究》（第二集），中国财政经济出版社 1999 年版。

② 张馨也认为，公共经济学的研究对象包括政府管制。“我国‘公共经济学’的研究对象，仍然以政府活动为标志，但延伸到与政府活动相关的其他公共活动，即包括对所有的以政府为主的公共活动上。……它的研究对象不仅只是政府的活动，也不仅仅局限于政府直接承担了大部分任务的活动，而且还包括政府起主导作用，但主要的具体工作由其他主体承担的活动，甚至连政府间接参与的活动也都包括在内了。……诸如政府管制、政府订价、基础领域的投资等问题，都是我国公共经济学研究的热门话题”。参见张馨：《论公共经济学的研究对象》，《公共经济研究》，2003 年第 1 期。

自然垄断行业实施干预提供了充分的依据，而干预的形式主要是严格的进入与价格管制或政府直接提供即国有化。

第二章对自然垄断性行业传统治理体制进行比较。在简要回顾我国国有垄断经营体制、美国式的严格管制和英国的国有化政策的基础上，对比分析了美国的严格管制政策与英国的国有化政策，认为英国的国有化政策可以视为自然垄断的治理方式之一。并重点比较我国与英国的国有垄断经营政策。两种国有垄断经营政策虽然表面相同，但本质上却大相径庭。一是计划经济体制的题中之义，政企不分是其主要特点；二是市场失灵的政府干预手段，政企关系相对清晰。同样为所有者，但政府对企业的干预却存在是否依法进行，是否受到法律约束的区别。

第三章是对管制改革的一般动因研究。尽管自然垄断领域的改革是我国特有的经济转轨改革的组成部分，但是，与美英等发达国家改革在时间、导向方面的相似性说明在世界性管制改革浪潮的背后存在着共同的理论依据与现实动因。虽然大部分原因是发达国家理论的产物，或者与其实践更为相符，但是，由于我国从严格的计划管制到管制的放松，在一定程度上也存在着像发达国家一样的政府管制与市场之间的替代关系，因而这些原因同样适用于解释我国的管制改革。管制改革的一般动因主要是对市场失灵和政府失灵的重新认识。首先，新的理论用成本弱增性和范围经济定义了自然垄断，并由此区分了自然垄断各种不同情况下的政府干预政策。其次，技术的发展和市场需求的扩大使得某些业务原有的自然垄断性弱化甚至消失。最后，即使在自然垄断仍然存在的领域，管制也不一定是唯一的解决之道。一是因为存在着诸如管制寻租与俘虏、管制高成本等政府失灵；二是市场失灵并非绝对的，仍有一只弱的“看不见的手”可以发挥作用，可竞争市场理论在这方面提供了有益的启示。此外，公共产品供给的新理论表明：一方面，技术的发展导致公共产品的范围在发生变化；另一方面，政府干预或市场提供并非两种互相排斥的机制，政府与市场机制可以在公共产品供给领域形成一种伙伴关系。总之，公共产品理论的进展为重视市场机制在自然垄断领域中作用的主张提供了重要依据。

第四章对中西管制改革内容方面的共性进行研究。世界各国虽然在改革进程和细节上存在差别，但内容主要表现为以下四个方面：一是放松进入管制，

或是通过不对称竞争扶植竞争厂商，或是积极引实施产权多元化；二是在价格管制方面，从政府定价向市场定价转变；三是打破原有垄断厂商的纵向一体化结构，在已经失去自然垄断属性的环节引入竞争；四是构建管制机构。管制改革内容的共性明确了我国的改革方向。管制改革以放松管制为主，放松管制包含着产权改革和引入竞争两方面的内容。但不仅仅局限于此，从更深层次来看，管制改革的目标应该是效率原则下的政府与市场关系的再调整，在转轨的体制背景下，我国管制改革应该是放松计划型管制与重建市场型管制两者的结合。

第五章比较国内外自然垄断行业及管制现状。经过改革之后，我国的管制朝着市场化方向迈进了一步，但是与发达国家的现状相比仍有较大差异，这些差异反映出当前我国管制改革存在的主要问题。在进入管制方面，美英等国几乎将市场机制的作用发挥到了极致，不但在自然垄断行业可竞争的环节引入"市场内竞争"，而且在自然垄断性仍然较强的网络环节，也积极引入了"对市场的竞争"。而从我国现状来看，市场机制发挥作用的程度还相当有限，许多可竞争环节都没有实现真正竞争，网络环节更是维持独家垄断或较高程度的垄断状态。在价格管制方面，以价格上限管制为主的激励性管制成为美英价格管制中的一种重要模式，这种方法强调在不对称信息的条件下促进企业提高效率。我国的价格管制却还停留在价格体系混乱、定价方法缺乏科学性和激励效果的阶段。在管制行政和立法方面，美英等国都已建立了分部门或者是综合性的独立性管制机构，而我国目前还十分缺乏真正意义上的管制机构，承担管制任务的机构同时还扮演着行业管理者甚至是企业所有者的角色。管制立法更是落后于发达国家，有管制行为而缺乏法律规则。

第六章是对中西改革差异的原因分析。与美英管制下的政企界限分明不同，行政垄断是我国自然垄断行业的主要特点，也是造成管制改革进展缓慢的关键原因。我国自然垄断行业的改革属于政府主导的强制性变迁，具有利益冲突的特点。在这一非帕累托改进的过程中，必然有一部分利益集团的利益受到损害。这些利益受损者在不能够得到有效补偿时，必然成为改革的阻碍者。市场化改革的不断深化在塑造市场利益主体的同时，也强化了既得利益主体，中央政府、行业主管部门、地方政府、受管制的国有企业、消费者等多方利益主

体的博弈决定了我国自然垄断行业管制改革进展缓慢。

第七章提出构建我国自然垄断行业市场型政府管制制度的建议。改革的深化应该建立在明确的目标之上，我国改革的总体目标是多元的，包括提高资源配置效率和生产效率、促进公平、维护消费者利益、维持企业的财务平衡、促进企业的可持续发展这几个方面。深化改革主要从以下六个方面着手：一是管制客体改革的深化，即自然垄断领域内企业的产权改革的深化；二是构建真正的管制机构，近期内采取折中方案，在现行的行政框架内保持管制机构的独立性，长远目标是建立独立管制机构；三是继续放松进入管制，实行横、纵向拆分，并鼓励替代竞争；四是结合我国的转轨经济特征来引入激励性价格管制；五是改革普遍服务的筹资机制，取消旧的交叉补贴，建立新的基金制；六是完善管制法制建设，加强其与反垄断法的配合。

第八章以电力行业为案例，依照前文的思路，对我国与美英两国电力行业管制改革进行对比分析，并由此得出以下结论：一是关于发电环节的竞争。打破省间壁垒，实现发电环节的竞争，近期内主要依赖于区域管制机构的强有力管制，中长期依赖于区域市场的发展。二是关于输电网。在近期和中期内，由国家电网公司承担加强全国联网建设的任务。这一阶段性任务完成后，按资源优化原则重组区域网与独立的区域网公司。三是关于价格管制，上网电价应从政府部分管制逐渐过渡到市场定价。输配电价较长时期的改革任务是改进现行的成本加成机制，条件成熟时过渡到价格上限管制，销售电价的市场化通过销售环节的竞争来实现。四是关于管制机构，定位从管制机构与改革协调机构的混合体过渡到美英式的强势独立管制机构，管制权的分配应采用英国式的全国集中模式。

第九章是对我国市政公用事业特许经营管制政策的分析。在进入管制方面，当前市政公用事业审批制度与程序存在不合理性，强制性招投标制度的现实适用性不强；在价格管制方面，公用事业定价方法缺乏合理性与科学性，价格调整机制急需建立。此外，政府信用缺失、部门协调不畅、恶意退出行为等原因造成了管制不确定性，影响了管制效果。在此基础上，本书有针对性地提出完善市政公用事业管制的建议。

第一章 自然垄断行业的政府干预理论

第一节 自然垄断与政府管制

一、自然垄断的经济学解释

（一）规模经济、范围经济、成本弱增性与自然垄断

20 世纪 80 年代以前，世界各国的电信、电力、铁路、城市供气供水等行业都具有独家垄断的市场结构，这些行业被统称为自然垄断行业。例如美国的联邦电话电报公司，英国的英国电信公司、中央电力生产局，日本国铁公司都曾经分别垄断本国的通信、供电或铁路运输市场。供气、供水等市政公用事业通常由一家企业垄断地区市场，正如约翰·穆勒以伦敦的煤气和自来水业为例，指出“凡是对公众具有真正重要意义的事业，如果大规模经营才有利可图，以致几乎不允许自由竞争，那么维持几套昂贵的设施来向社会提供这种服务，就是对公共资源的一种不经济的分配”①。

① ［英］约翰·穆勒：《政治经济学原理及其在社会哲学上的若干应用》（上卷），赵荣潜、桑炳彦、朱泱、胡企林译，商务印书馆 2009 年版，第 169 页。

在经济学上，一般用规模经济、范围经济、成本弱增性三个概念来定义自然垄断。在现实中，自然垄断行业具有两方面的特征：一是特定市场中的独家垄断；二是组织结构上的纵向一体化。这两个特征可以理解为自然垄断这一经济现象在现实中的表现，以下分别用规模经济、范围经济对这两个特征进行解释。

1. 规模经济与一种产品的独家垄断

所谓规模经济，指的是随着产量的增加，长期平均成本不断下降。除了规模经济以外，厂商的长期成本还可能呈现出规模不经济（如图 1—1 所示）。

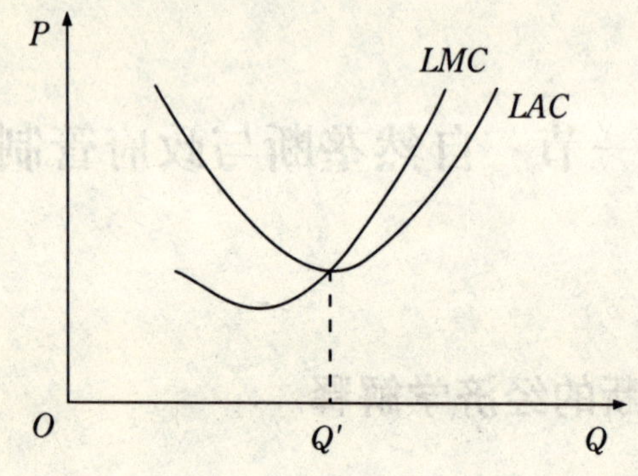

图 1—1　长期成本的变化

图 1—1 中，*LMC*、*LAC* 分别表示长期边际成本和长期平均成本。当 $Q<Q'$ 时，$LAC>LMC$，*LAC* 处于下降阶段，此时存在规模经济。当 $Q>Q'$ 时，$LAC<LMC$，*LAC* 处于上升阶段时，意味着规模不经济。图 1—1 表明，在规模经济的产量范围内，产量越大，成本越低。

1902 年，托马斯·法罗首次以规模经济定义了自然垄断。此后经济学就沿用这一定义。所谓自然垄断，指的就是这样一种情形，如果存在规模经济，使得长期平均成本曲线在相应范围内向下倾斜，那么就仅有一家厂商能生存下去。因为该厂商可以将产量尽可能地扩大直到平均总成本的最大下降，从而可通过低价的优势将所有竞争对手排挤出该行业。

产生规模经济的原因有许多，包括高额的固定资产投资、劳动分工的日

趋合理化、学习效应所导致的技术和技巧的熟练[①]。就自然垄断行业而言，规模经济的存在是由网络及相关设备的巨额投资导致的。自然垄断行业的产品或服务都需要通过传输网络系统提供给终端用户。网络是由许多互相交错的分支组成的系统，有形网络的节点之间是物理连接，虚拟网络节点之间的连接则是无形的。例如电信通信网、电力输配电网、铁路铁轨、供气供水管道。网络及设备的固定投资巨大，在总成本中占有相当大的比重，与之相比，可变成本所占的比重较小。这样，随着产量的增加，固定成本被不断摊薄，平均成本呈现出下降的状态。也就是说，产量越大，平均成本越低。这就意味着，像电网业务、铁路路网业务、供水和供气管道业务等网络业务由一家厂商大规模提供的成本要低于由多家厂商分散地小规模供应的成本之和。因此，一般认为，从整个社会的角度看，这些业务的独家垄断有利于节约社会资源。

2. 范围经济与多种产品的独家垄断

从经济学说史的角度来看，对自然垄断的定义有一个变化过程。直到 20 世纪 70 年代末，经济学上一直用“规模经济”来刻画自然垄断。70 年代末 80 年代初，以鲍莫尔、潘泽和威利格为代表的学者用成本弱增性重新定义了自然垄断[②]。所谓成本弱增性，是指一家企业供给市场的成本要低于若干家企业分别供给市场的成本之和。假定存在 n 种不同产品和 k 家厂商，每家厂商生产部分产品或全部产品 n。如果厂商 i 的产出为 y_r^i（$i=1, 2, \cdots, k$；$r=1, 2, \cdots, n$），则第 i 家厂商的产出参数为（$y_1^i, y_2^i, \cdots, y_n^i$）。$y^i \neq y$，$\sum_{i=1}^{k} y^i = y$，对任意或全部产量，如果成本函数 $c(y)$ 在 y 处严格弱增，则有表达式 $c(y) < \sum_{i=1}^{k} c(y^i)$。如果某厂商的成本函数符合成本弱增的特征，那么就应该由该厂商独家垄断市场。

新理论表明，对自然垄断的定义应该区分厂商只提供一种产品或服务和同

① 学习效应，即经济学上所说的干中学，是指在长期的生产经营过程中，企业在商品的生产、技术设计和管理等方面逐渐积累起经验，从而提高劳动生产率。

② Baumol, W.J., On the Proper Cost Tests for Natural Monopoly in a Multiproduct Industry, American Economic Review, 67 (5), 1977, pp. 809－822.

时提供多种产品或服务两种情况。现实中前一种情况很少见，后一种情形十分普遍。规模经济这一概念仅仅能够部分地定义一种产品下的自然垄断，也就是说，在一种产品或服务的情况下，规模经济的存在会导致自然垄断，因为规模经济下的成本函数符合弱增性要求。不过，成本的弱增性并不一定要求平均成本必须是递减的。即使不存在规模经济，只要单一产品厂商的成本函数具有弱增的性质，那么仍然是自然垄断。一种产品条件下规模经济、成本弱增性与自然垄断之间的关系如图 1−2 所示。

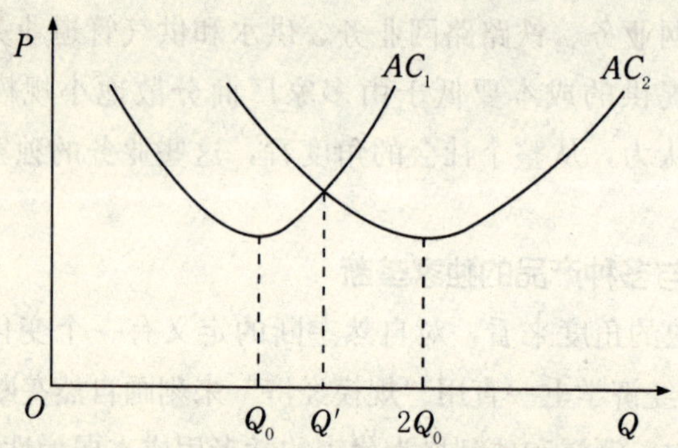

图 1−2 一种产品下的规模经济、成本弱增性与自然垄断

在图 1−2 中，AC_1 是一家厂商独占市场时的平均成本曲线，AC_2 是两家厂商共同供给市场时的每家的平均成本曲线。当产量 Q 处于 $Q_0<Q<Q'$ 的阶段时，虽然垄断厂商平均成本上升，不存在规模经济，但满足 $AC_1<AC_2$，符合成本弱增性，一家厂商成本更低。

多产品条件下，决定自然垄断的是范围经济。范围经济的存在意味着一家厂商同时提供多种产品或服务的成本比多家厂商分别提供的成本要低。以两种产品为例，两种产品下的范围经济用公式可表示为 $C(x, y)<C(x)+C(y)$（如图 1−3 所示）。

在图 1−3 中，x 轴、y 轴表示企业提供两种不同的产品或服务，C 轴表示成本。在两种产品或服务的情况下，成本曲线变成成本曲面，在坐标为（x_1，y_1）的点 A 处，一家企业同时提供两种产品或服务的成本为 $C(x_1, y_1)$，两家企业分别提供时，成本分别为 $C(x_1, 0)$，$C(0, y_1)$。显然，$C(x_1, y_1)<$

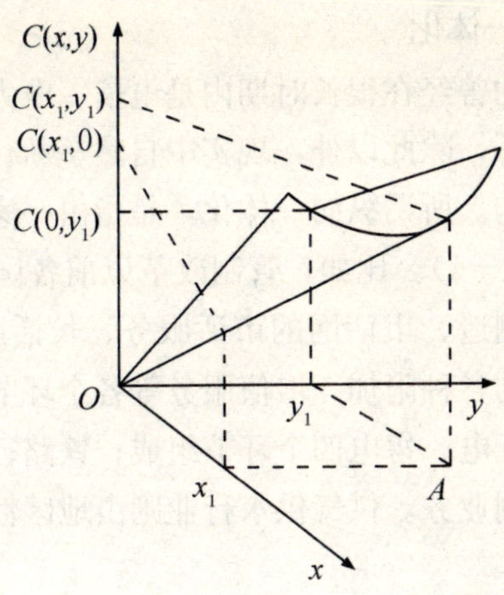

图 1—3 一种产品下的规模经济、成本弱增性与自然垄断

$C(x_1, 0) + C(0, y_1)$。

范围经济包括提供多种产品或服务的复合供给利益和生产与分配的纵向一体化利益。其中，复合供给利益意味着一家企业同时提供几种产品或服务的成本要低于几个厂商分别提供这些产品或服务的成本，这样该厂商的成本函数符合成本弱增性。此时，就提供多种产品或服务的厂商每一种产品的生产而言，可能存在规模经济，也可能不存在规模经济。即使每种产品的平均成本曲线上升，但只要存在复合供给的范围经济，仍然意味着独家垄断的效率更高。反过来，即使每种产品的生产具有规模经济性，但如果不存在联合提供多种产品的复合供给的范围经济，成本函数就不具有弱增性，独家提供就不存在成本方面的优势。

在自然垄断行业中，复合供给利益存在的主要原因是共同设施和共同成本。自然垄断行业中的共同设施包括电信固话网、电力输配电网、铁路路网、供气供水管网等网络。比如，电力公司同时提供高峰期和低峰期的电力这两种商品，需要共用同样的输电和配电系统；铁路运输公司提供客货运输或是不同车次的客运，要使用共同的铁路网系统；供水公司提供不同质量、不同用途的水需要通过共同的管网。在生产不同种类的产品时共同使用某些设备或设施，可以节约重复建设共同设施发生的共同成本。

3. 范围经济与纵向一体化

独家垄断的市场结构曾经在很长时期内是电信、电力、铁路、供气供水等自然垄断行业的基本特征，除此以外，现实中自然垄断行业中的厂商往往还具有纵向一体化的组织结构。所谓纵向一体化，是指由一家厂商垄断经营产业链上的各个环节（参见表1—1）。比如，管制改革以前各国电信行业通常由一家厂商同时垄断通信设备制造、市话网的市话服务、长话服务、移动通信服务、基于通信业务基础之上的各种附加、增值服务等各个环节；电力行业则由一家厂商垄断发电、输电、配电、售电四个环节组成；铁路行业同样是一家厂商垄断同时经营客货运、路网业务。供气供水行业则由地区性的垄断厂商同时经营生产、输送、销售业务。

表1—1　自然垄断各行业的垂直结构

行业	纵向各环节
电信	设备→基础网及基础通信业务→附加、增值业务→设备
电力	发电→输电网→配电网→终端用户
铁路	车站→铁轨→车站
供水	自来水加工→输水管网→地区分销→用户→污水处理
供气	煤气生产或天然气开采→长距离输气→地区分销→用户

自然垄断企业的纵向一体化结构也可以用范围经济来解释。一方面，如上所述，自然垄断行业的复合供给利益是由多种产品使用共同的输送网络设施而引起的，因此，只有将多种产品的生产环节与网络环节结合在一起实施纵向一体化，比如将发电与输电、配电结合，将各种电信附加、增值服务与基础电信业务相结合，将铁路客货运业务与路网经营业务相结合，将水、燃气的生产与输送相结合，才能收到复合供给利益。另一方面，范围经济还包括另一种利益——生产与分配的纵向一体化利益，这种利益是由基础网络业务环节与其上游环节之间的技术密切性和协调要求所导致的。以电力为例，发电环节本身不具有自然垄断性，但是一旦与输电环节相结合，就会产生巨

大的范围经济①。电力的需求具有很强的时间波动性，存在高峰和低谷需求，高峰时期电网传输能力紧张，低谷时期电网传输能力得不到充分利用。而且，电力商品的不可储藏性决定电力的供给和需求要随时保持平衡，否则就会发生断电现象。这种供求平衡有赖于电力生产与输送的高度协调。实行电力生产与输电纵向一体化，既可通过负荷调剂充分利用网络的输送能力，减少供电的总成本，又有利于保持生产与输送的高度协调，避免停电事故造成的损失。

4. 对自然垄断定义的总结

在经济学对自然垄断的最新定义中，规模经济的概念之所以被成本弱增性替代，是因为仅用规模经济来定义自然垄断是不完全的。成本弱增性是指由一家厂商来提供产品或服务的成本要低于若干家厂商企业分别提供的成本之和的情形，它既包括规模经济，又包括范围经济。成本弱增性存在时，意味着由一家厂商联合提供多种产品和服务成本更低。正如丹尼尔·F. 史普博在《管制与市场》一书中对自然垄断所下的定义，“自然垄断是指这样一种生产技术特征，面对一定规模的市场需求，与两家或更多的企业相比，某单个企业能够以更低的成本供应市场。自然垄断起因于规模经济或多样产品生产经济（范围经济）”②。以上诸多概念之间的关系如图 1－4 所示。

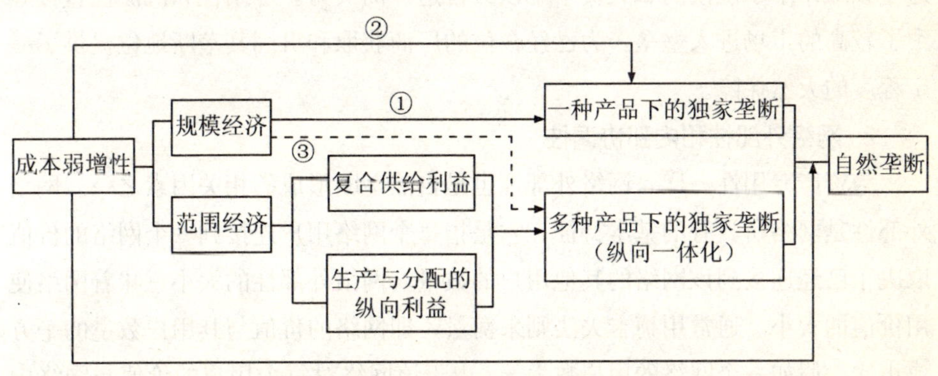

图 1－4　自然垄断定义相关各概念的关系

① 王俊豪：《英国自然垄断产业政府管制体制改革》，上海三联书店 1998 年版，第 200 页。

② ［美］丹尼尔·F. 史普博：《管制与市场》，余晖等译，上海三联书店 1999 年版，第 4 页。

在图 1－4 中，①表示一种产品情况下，规模经济是自然垄断的充分条件，即只要规模经济存在就意味着自然垄断，此时规模经济也符合成本弱增性。②则表示一种产品下，规模经济并非自然垄断的必要条件，即使规模经济不存在，但只要厂商的成本函数符合弱增性，也会导致自然垄断（如图 1－2 所示）。③表示虽然多产品下的独家垄断由范围经济决定，但是，每一种产品的生产仍然可能具有规模经济特征。

（二）与自然垄断密切相关的其他两个特征

1. 资产沉淀性或专用性

除了包括规模经济或范围经济在内的成本弱增性这一基本特征以外，自然垄断行业所具有的强资产沉淀性或专用性，进一步加强了其垄断性。

在自然垄断行业中，资产沉淀性或专用性指的是传输网络及相关设备等固定资产投资只能用于特定行业的产品或服务，投资一旦形成就难以用于其他行业。强专用性或沉淀性的存在意味着固定资产投资的风险和代价很高，投资一旦失败，就要承担巨额的亏损。这样，与一般竞争性行业相比，自然垄断行业的市场进入壁垒就要高得多。只有能够承担得起投资失败的巨额资本才会进入这一领域，中小规模的私人资本难以具备这样的实力。专用性和沉淀性直接导致了较高的市场进入壁垒，为已经在位的厂商获取和巩固其垄断地位提供了一定程度的天然保障。

2. 网络外部性和内部协调性

与资产专用性一样，网络外部性也是自然垄断形成的相关因素之一。网络外部性是网络所具有的基本特征，它是指每个网络用户连接到一个网络的价值取决于已经连接到该网络的其他用户的数量。网络外部性的大小意味着网络使用价值的大小。通常用梅卡夫法则来衡量，即网络的价值与其用户数量的平方成正比。假如一个网络的用户数为 n，由于该网络对每个用户的价值与网络中其余用户的数量成正比，因此该网络对所有用户的总价值与 $n\times(n-1)=n^2-n$ 成正比。如果网络用户数扩大 100 倍，网络价值就增加 10000 倍。这意味着，规模更大的网络能为用户提供更大的价值，也就是具有更大的外部性。也就是说，一个网络拥有越多的用户，就越能吸引新用户加入该网络，新用户

的加入又使原有用户在不用增加付费的情况下增加了可连接性。这样，在位厂商就可以利用其掌握基础网络的优势，通过设置障碍来增加新厂商的网络与其所有的网络相连接的难度和成本，以阻碍新用户加入新厂商的网络，从而维持其垄断地位。

网络的内部协调性是指对网络中的任何连线和结点的干预都有可能影响到网络的其他元素，传输网络某一结点上的投资所获得的利益，在很大程度上取决于产品或服务及其他结点上提供服务的能力。当网络覆盖范围和密度增加时，会因扩大输送范围、调剂各线路负荷从而提高整个网络的输送能力和输送效率，实现范围经济。

（三）自然垄断与其他垄断形式的区别与联系

根据垄断的成因不同，经济学中的垄断除了自然垄断以外，还包括经济性垄断和法定垄断或行政垄断。

与自然垄断形成的技术性成因不同，经济性垄断是与竞争性的市场结构或市场行为相对应的，因而有两种含义。一种含义是指垄断性的市场结构，这种市场结构是市场竞争的产物。从动态来看，市场中垄断与竞争总是交替存在的，即竞争—垄断—竞争，如此循环往复。但仅从某一时期来看，市场结构可能是垄断性的。因为竞争必然导致优胜劣汰，在新的更强有力的竞争对手出现以前，竞争的胜出者完全可能凭借其先进的技术水平、管理水平、成本和价格优势、更有效的市场营销策略，在某一时期内占领市场的绝大部分份额。典型的例子如美国的个人电脑操作系统市场长期被微软公司垄断。我国的微波炉市场一度被格兰仕公司垄断。另一种含义是指垄断行为。即厂商通过价格操纵、串谋、掠夺性定价和搭配销售等手段限制、排斥或控制竞争的行为。例如，20世纪90年代我国彩电业中几大彩电巨头通过结成“最低价格同盟”这一价格卡特尔来维持其市场份额的做法就是垄断行为。

法定垄断或行政垄断是由政府限制竞争的法令和政策导致的。有些行业本来是具有竞争性的，但政府为了达到一定的目的，如基于财政和税收方面的考虑或出于社会福利需要和保障国家安全等，而对这些行业实行强制性垄断。比如我国对烟草实行专营，就有限制消费和获取专营收入的因素；对军工产品实行国有垄断，则是为了保障国家军事安全。当然，我国的行政垄断还有着与体制背景密切相关的更为复杂的内容与成因，这些将在第五章展开详细分析。

虽然从理论上看，自然垄断与经济性垄断、法定垄断或行政垄断的成因各不相同，三者分别是由产业本身的技术特点、市场竞争和政府的强制力导致的，前者是“自然”的，而后两者都是“人为”的。但在实际中，三种垄断往往很难完全截然分开。因为自然垄断的厂商为了维持其垄断地位，可能会采取垄断行为；政府为了保护自然垄断行业，往往对市场进入实行管制，这实际上就是一种法定垄断。以美国电话电报公司为例，早年是由于发明电话这一技术创新带来的垄断，之后由于铺建了全国电话网络而产生了自然垄断，1926 年以后被法律赋予了电信业务市场的独占权。因此，对于自然垄断行业的垄断应该仔细分析，尤其是在我国这样体制转轨的背景下，更是如此。

二、对自然垄断实施政府管制的经济学依据

（一）管制的基本概念

管制一词源自英文的 Regulation 或 Regulatory Constraint，也称规制①。国内外理论界对政府管制的定义进行了大量的解释。植草益认为，政府管制可以定义为社会公共机构（主要是行政机构）依照一定的规则对企业的活动进行限制的行为②。卡恩将管制定义为“对该种产业的结构及其经济绩效的直接的政府规定……如进入控制、价格规定、服务条件及质量的规定以及在合理条件

① 对 Regulation 一词到底是译作管制，还是规制，目前仍然存在争议。管制是国内理论界较早采用的一种译法，如潘振民翻译的《产业组织与政府管制》就是以“管制”来命名的。近年来，越来越多的学者主张译为规制，认为规制一词“含有依照规则行事之义”，并更能体现其英文原文的本义和这种政策的实质，以及这一领域的研究与法学之间的密切关系。考虑到本书主要从经济学的角度来分析问题，故采用“管制”这一术语。更重要的是，“规制”一词更多地带有市场经济的色彩，与其相比，“管制”既可表达市场经济下的规制之义，又隐约含有计划、管理之义，本书的论述同时涉及市场经济和计划经济两种背景，因而采用“管制”一词能够更好地满足分析的需要。此外，也可见到用“监管”一词来表达相同的意思，与上述两词相比，这一术语更侧重于政策性和实务性。以上观点参见肖兴志：《自然垄断产业规制改革模式研究》，东北财经大学出版社 2003 年版，第 23 页；夏大慰、史东辉等：《政府规制：理论、经验与中国的改革》，经济科学出版社 2003 年版，第 1 页。

② ［日］植草益：《微观规制经济学》，朱绍文、胡欣欣等译，中国发展出版社 1992 年版，第 2 页。

下服务所有客户时应尽义务的规定”[①]。国内学者王俊豪对政府管制所下的定义是“具有法律地位的、相对独立的政府管制机构，依照一定的法规对被管制者（主要是企业）所采取的一系列行政管理与监督行为”[②]。丹尼尔·F. 史普博认为，管制是由行政机构制定并执行的直接干预市场配置机制或间接改变企业和消费者的供需决策的一般规则或特殊行为[③]。综观以上国内外具有代表性的定义，都认为管制属于政府微观干预的范畴[④]。

正如上文指出的，市场经济下的管制强调依法进行，因而管制问题不仅是微观经济学研究的一个重要领域，同时也受到了法学和政治学的关注。不过各个学科研究的角度和着眼点是不同的。由于政府“管制既涉及市场行为的一般规制，也涉及为达到短期政策目标而采取的特殊行动”，因而，法学从“执法、市场规则及行政程序”的角度来研究规制。行政程序及对规制机构行为的司法控制是法学界研究管制的重点[⑤]。

政治学文献强调管制决策的政治与行政内容，“把焦点放在政策形成和执行政治及行政作用方面”。在发达国家，管制政策的形成和执行本身是一个公共谈判过程，每一项措施的出台都是各种政治力量相互协调及平衡的结果。梅尔认为“管制是与政治家寻求政治目的有关的政治过程”[⑥]。

尽管经济学、法学、政治学对于管制的定义和研究各有侧重点，但是却都从不同的侧面揭示出了政府管制的共性。总之，政府管制就是政府为了克服市场失灵和实现公共利益，依据法律规则，对企业等其他市场主体的经济活动进行干预的行为。

---

① Kahn, A. E., The Economics of Regulation: Principles and Institutions, New York: Wiely, 1988, p. 3.

② 王俊豪：《政府管制经济学导论》，商务印书馆 2001 年版，第 1 页。

③⑤ ［美］丹尼尔·F. 史普博：《管制与市场》，余晖等译，上海三联书店 1999 年版，第 45 页，第 27 页。

④ 但是，也有学者把管制等同于政府对广义市场失灵的干预，以日本学者金泽良雄的观点为代表，他认为政府管制是“在以市场机制为基础的经济体制条件下，以矫正、改善市场机制的内在问题即广义的‘市场失灵’为目的，政府干预和干涉经济主体特别是企业活动的行为”。这里的“干预”不仅包括与微观经济有关的政策，还包括与宏观经济有关的政策，如“以保证分配的公平和经济增长、稳定为目的的政策——财政税收金融政策”。参见［日］植草益：《微观规制经济学》，朱绍文、胡欣欣等译，中国发展出版社 1992 年版，第 19 页。

⑥ 李郁芳：《体制转轨时期的政府微观规制行为》，经济科学出版社 2003 年版，第 48 页。

管制分为直接管制和间接管制两类。间接管制主要与公平竞争行为有关，司法机关通过反垄断法、民法、商法等法律对不公平竞争行为实行制约，并不直接介入经济主体的决策。直接管制则是为了克服自然垄断、信息不对称、外部性、社会公害等市场失灵而实施的微观干预。其中，与自然垄断、信息不对称相关的是经济性管制，政府主要对“企业的进入、退出、价格、服务的质量以及投资、财务会计等活动进行管制”①。社会性管制则是针对外部性、社会公害实施的，如环境污染、毒品、食品安全等问题。管制的分类参见表1－2。

表1－2 管制的分类

分类	直接管制		间接管制
	经济性管制	社会性管制	
内容	治理自然垄断与信息不对称	治理与环境相关的外部性与社会公害	对不公平竞争的限制

资料来源：［日］植草益：《微观规制经济学》，朱绍文、胡欣欣等译，中国发展出版社1992年版，第24页。

（二）对自然垄断行业实行管制的经济学依据

在一般竞争性行业中，竞争能够形成内在机制，促使企业自发努力提高企业的运作和管理效率，并按边际成本原则定价，实现配置效率。但是，在自然垄断领域中，一方面垄断的市场结构可以实现规模经济，节约社会资源；另一方面垄断的弊端对效率和公平都会产生极大的负面影响。为了解决以上矛盾，政府管制就十分必要。具体来说，政府管制有两大作用与目的：

首先，减少资源浪费和过度的市场进入，实现配置效率②。由于行业的技术特点方面的原因，已在位的厂商具有明显的成本优势，其他厂商进入之后，

① ［日］植草益：《微观规制经济学》，朱绍文、胡欣欣等译，中国发展出版社1992年版，第22页。

② 管制理论与实践的发展说明，应该重新看待减少资源浪费与进入管制之间的关系。对这一问题，第四章第一节进行了分析。

一种可能是被在位厂商排挤出市场，退出市场的厂商的投资得不到回报，造成资源的浪费。另一种可能结果是势均力敌的若干厂商互不相让，在生产能力严重过剩的状况下，互相争夺市场份额，从而造成生产低效率。为了防止以上问题，需要政府对自然垄断行业实行进入管制，抑制厂商过度进入。

尽管对自然垄断行业实施进入管制的上述理由看似较为充分，但是，令人产生疑问的是，既然自然垄断行业的垄断是自然形成的，对市场进入的政府管制这一法定垄断不是多此一举吗？传统的管制理论认为，自然垄断虽然是在竞争的基础上形成的，但是，从整个社会的角度来看，这种竞争是以重复建设和资源浪费为代价的。因此，需要政府实施进入管制来避免这一无效竞争或减少竞争造成的资源浪费。以美国电信市场为例，从 1876 年电话发明到 19 世纪末这段时间内，美国的电信市场处于专利垄断时代。1894 年，美国电话电报公司的专利到期后，美国电信市场进入自由竞争阶段，在不到 3 年的时间里，就有 6000 多家独立的电话公司与美国电话电报公司竞争。此后美国电话电报公司大肆展开收购与兼并，直到 20 世纪 20 年代垄断了美国的长话市场。但是，新的电话公司仍然不断涌现。当时的美国联邦政府认为这种竞争状况是恶性的，浪费了社会资源，于是在 1934 年通过了《电信法》，对电信市场的进入实行管制，使美国电话电报公司获得了法定垄断的地位。

其次，抑制垄断定价，维护消费者利益。虽然成本弱增性意味着一家厂商生产可以实现较高的效率。但是，由于该厂商处于独家垄断地位，如果不存在任何外部约束，在垄断利润的驱动下，其定价将大大高于成本，从而扭曲分配效率，损害社会福利，因而需要对价格实施管制（如图 1－5 所示）。

图 1－5 中，为了获取最大化利润，垄断企业将按 $MR=MC$ 的原则定价，价格、产量分别为 P_m、Q_m，消费者剩余为三角形 DP_mA。如果考虑社会福利最大化，应按边际成本原则定价，价格、产量分别为 P_1、Q_1，消费者剩余为三角形 DP_1F，但垄断企业会发生亏损，面积为四边形 P_1FBP_2。要使企业保持财务平衡，应按平均成本定价，价格、产量分别为 P_2、Q_2，消费者剩余为三角形 DP_2B。可见，垄断定价下的消费者剩余最小。

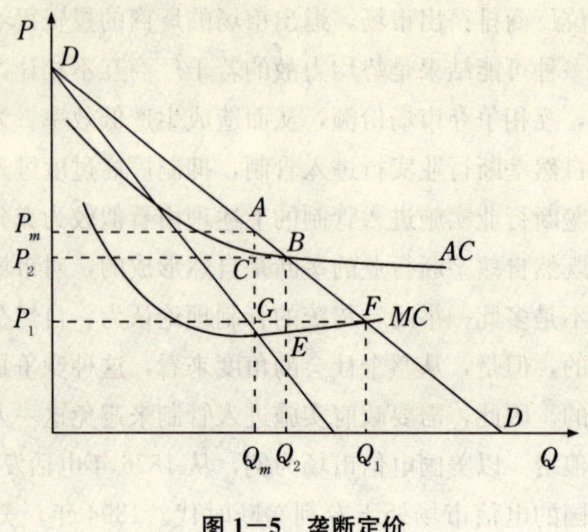

图 1—5　垄断定价

第二节　自然垄断行业的公共性与政府干预

一、基础设施、公用事业、自然垄断行业的概念联系

世界银行认为基础设施由公共设施、公共工程以及交通部门组成。其中，公共设施包括电力、管道煤气、电信、供水、环境卫生设施和排污系统、固体废弃物收集和处理系统；公共工程包括公路、大坝和灌溉及排水用的渠道工程；交通部门包括铁路、城市交通、海港、水运和机场①。可见，被自然垄断理论认定的自然垄断行业都被包括在基础设施的范围中。

理论界还常常将“公用事业”作为“基础设施”的代名词。如《新帕尔格雷夫经济学大辞典》中就收录了“公用事业定价”（public utility pricing）这

① 世界银行：《1994 年世界银行发展报告：为发展提供基础设施》，毛晓威等译，中国财政经济出版社 1994 年版，第 2 页。

一词条，认为电信、电力、铁路等都属于公用事业[①]。国内理论界通常将公用事业定义成为“受公共利益影响的产业及其活动，包括为社会提供天然气、人工煤气、热力、洁净水、电力、垃圾处理和公共交通等产品和服务的产业”[②]。以上观点表明，公用事业与基础设施所包括的范围基本上是相同的，即都包括大部分或全部的自然垄断行业，因此，可以将自然垄断行业等同于基础设施或公用事业，主要是指电力、电信、铁路、供水、供气这样一些具有网络性特征的行业。

二、基础设施、公用事业的公共性与外部性

根据上文，自然垄断行业、基础设施产业、公用事业这三个术语不存在严格的区别。如果说自然垄断行业这一术语是从由技术因素导致的市场结构的角度来定义的，那么，基础设施产业或公用事业则是根据这类产品和服务所具有的公共性，以及由此决定的在国民经济中的基础性地位和作用来定义的。

（一）基础设施、公用事业与公共产品理论

社会产品包括公共与私人两大类。消费的共同性即非竞争性和非排他性是公共产品最基本的特性。与此相反，私人产品在消费上却是竞争和排他的。按非竞争性和非排他性的强弱程度来划分，公共产品又可以进一步划分为纯公共产品和准公共产品。

世界银行按照公共产品性质的强弱，对广义基础设施进行了排序。其中，自然垄断性基础设施的公共性排序如下，电信、城市配售电接近于私人产品；铁路、输电、供水系统、城市公交的竞争性较弱，几乎不发生拥挤，但是排他性强，可以通过收费获得投资回报，属于价格排他的公共物品；城市内道路交通的竞争性和排他性都较弱，接近于纯公共物品[③]。

---

① ［美］约翰·伊特韦尔等编：《新帕尔格雷夫经济学大辞典》（第三卷），经济科学出版社 1992 年版，第 1141～1145 页。

② 赫从喜：《城市公用事业的放松管制与管制改革》，《城市发展研究》，2002 年第 2 期。

③ 世界银行：《1994 年世界银行发展报告：为发展提供基础设施》，毛晓威等译，中国财政经济出版社 1994 年版，第 110 页。

公共产品的非竞争性和非排他性导致的一个后果是免费搭车问题。由于多增加一个消费者的边际成本为零，而且又难以阻碍他人同时消费，因此，任何人不用付费就可以进行消费，而不像私人产品那样必须付费才能拥有产品。免费搭车的存在使私人缺乏提供公共产品的动力。而且，即使受益对象是相对确定的，技术上也可以实行排他，私人产品的价格机制仍然会失效。因为每个人的消费量或效用可能是难以量化的，这样，无法自动地产生一种根据具体的消费量或效用水平来收费的价格机制，从而政府对这一类产品或服务提供的干预就是必需的。

（二）基础设施、公用事业与外部性理论

与基础设施和公用事业所具有的公共产品的性质相比，外部性则为政府干预提供了更加充分的理由。

外部性，是人们的行为对他人产生的利益或成本的影响。负外部性减少了被影响者的利益，增大了他们的生产和生活成本。外部性本身是公共产品的一个特例，它具有消费的共同性。在外部性效应的覆盖范围和区域内，无论外部性的受益者或受害者的意愿如何，都必须接受外部性的影响。

基础设施就具有很强的外部性。它所提供的效用，不仅仅是为消费者所享用，而且将溢出到整个社会。因为基础设施或公用事业的完善程度如何直接关系到一个城市乃至整个国家的经济能否正常运转。严重的情况下，基础设施和公用事业供给不足将导致整个社会生产和生活的瘫痪。而且，它与每个居民的日常生活息息相关，产品或服务的质量、价格高低直接影响到公众的切身利益，反映着社会福利水平。因此，需要政府对这一领域进行直接干预，以保证社会生产和生活的正常运行。

根据上文，对自然垄断行业实施政府干预可以从两个方面进行解释：一是基于自然垄断的政府管制；二是基于公共性和外部性的政府提供。传统理论认为公共产品问题的解决途径是由政府直接提供和生产。尽管解释的角度不同，但以上两方面都强调市场机制的失灵。两个方面的原因相互印证与加强，为政府在自然垄断领域实施严格的微观干预提供了充分的依据，而干预的形式分别是进入管制、价格管制与直接提供。

第二章　自然垄断行业政府治理方式的历史回顾与比较

第一节　各国政府治理方式的简要回顾

一、管制与国有化的关系

西方理论界将自然垄断的治理方式分为国有企业、管制、激励性管制、特许投标、放松管制等几种方式。这一分类比较细，实际上，后三种方式都属于管制的范畴。放松管制只是相对严格管制而言，并不是放弃管制；激励性管制和特许投标则都是通过市场机制来实现管制目标的两种具体手段。

根据以上划分，除了管制以外，治理自然垄断的另一种方式就是国有化。自然垄断的国有化治理方式，就是通过建立国有垄断公司或把私人企业国有化，形成国有企业对自然垄断行业的独家控制或垄断局面，然后依靠立法基础之上的政府行政管理，从外部管制和内部协调两个方面来约束国有垄断企业的行为，试图实现资源优化配置和社会福利最大化的目标①。其基本思想是由政府直接拥有和管理自然垄断企业来实现福利最大化。

① 夏大慰、史东辉等：《政府规制：理论、经验与中国的改革》，经济科学出版社 2003 年版，第 37 页。

二、我国的国有垄断经营体制

计划经济体制下，我国对自然垄断行业实行的是政府投资并直接经营的管理体制。投资资金由政府拨付，价格由政府制定，亏损由财政负担，并且对投资实行严格审批。

以电力行业为例，20 世纪 80 年代以前，虽然我国的电力管理体制经历了由中央集中管理到省或大区分散管理再回归到中央集中管理的变化，但集中和分散只是就政府内部的权限划分而言的。从政府与企业的关系来看，无论是在集中还是分散管理之下，实行的都是维持主管部门垂直垄断、政企合一的管理体制。新中国成立初期，电业管理总局负责发电、输电、配电、售电的全部生产运营，并先后组建了东北、华北、华东、中南、西南和西北六个大区电业管理局主管各区电力工业的全部生产经营，从而形成了垂直垄断、政企合一的电力工业管理体系。20 世纪 50 年代中期到 70 年代中期，中央与地方管理权限的关系经历了几次集中与分散的反复，主管部门也多次变更，但是政企合一、垂直垄断的体制一直都没有发生变化。这段时期内，电力建设投资资金主要来自中央财政拨款，国内银行信贷资金很少用于电力固定资产投资，国外资金和企业资金更是十分有限。从价格制度来看，当时实行的是全国统一管理的电价制度。20 世纪 50 年代初，燃料工业部（电力工业部的前身）制定了全国统一管理的电价制度。总之，当时电力工业企业的经营、市场进入、定价都是完全控制在政府主管部门手中的。

三、美国的严格管制

美国曾经是“管制的资本主义”的一个典范，对自然垄断行业的严格管制始于 19 世纪 80 年代，这种政策一直持续到 20 世纪 70 年代末。

在市场经济发展早期，美国政府对微观经济运行采取的是不干预态度。19 世纪，美国市场经济进入了迅速发展的时期，伴随着经济迅速发展的是日益加重的市场失灵，从而导致政府对微观经济的干预。具体到自然垄断领域，政府

的严格管制是以下两个因素推动的。

首先是铁路产业的发展。19 世纪下半叶，美国铁路运输业发展迅猛，出现了过度竞争。1880 年，过度竞争使票价猛跌，企业亏损。企业试图通过组织卡特尔来提高票价，但卡特尔很不稳定，短期内纷纷垮台。为了维持生存，铁路公司只好求助于政府，要求政府对票价做出必要的规定。作为对企业要求的回应，政府管制也就应运而生了。这一事件成为政府开始对自然垄断行业实施管制的标志，为管制铁路业而成立的州际商务委员会也成为后来各种管制机构效仿的模式。

其次是托拉斯等垄断现象的出现。19 世纪中后期，生产日趋集中、企业规模不断扩大、寡头垄断成为普遍现象，卡特尔和托拉斯等垄断组织和形式有了相当发展。合并、收购、联合使得一些企业规模急剧膨胀，大公司联合起来控制价格和产量，毁灭和吞并中小企业，控制社会经济生活，大大损害了消费者利益，再加上铁路管制的示范效应，使得利用管制和反垄断政策来控制垄断行为成为当时美国政府最重要的政策工具。在自然垄断领域，最为典型的反垄断事件就是美国司法部对美国电话电报公司的第一次起诉。19 世纪 90 年代以前，贝尔公司依靠专利权的保护，垄断了美国的电信业[①]。1884 年，贝尔公司的专利到期，全美很快出现了多家小电话公司，最高峰时达到 6000 多家，美国电话电报公司采取大举兼并措施，并拒绝为新的电话公司网络提供互联互通服务，后来引起司法部对其提起的反垄断诉讼，结果以法庭外和解的方式告终。美国电话电报公司承诺在未获管制机构同意的情况下，不进行兼并，并向竞争对手开放网络。可以说，美国电话电报公司在这一事件中主动选择了“管制下的垄断”。到 1914 年，有 34 个州和哥伦比亚特区已经对电话业务实施了严格管制，包括制定价格，核准提供公共电信服务，要求互联互通和发放经营许可证[②]。

除了以上两方面的因素以外，20 世纪 30 年代爆发的经济大危机使政府对经济的干预进入一个高潮时期，包括对自然垄断在内的各种经济性管制得到了

① 美国电话电报公司最初为贝尔公司的长话子公司，后来重组了贝尔公司，将贝尔变成了电话电报公司。

② 欧阳武：《美国的电信管制及其发展》，中国友谊出版公司 2000 年版，第 25～29 页。

史无前例的扩张，这也是罗斯福新政的一个重要内容。美国学者 Paul，L. Joskow 与 Roger，G. Noll 认为经济大混乱时期就是管制加强的时期，管制的明显扩张始于“新政”年代[①]。管制权力的加强与扩张从行业管制机构的普遍设立与管制法律的集中颁布中得到了充分的反映。1934 年联邦通信委员会成立，负责管制州际电信与广播业；1935 年联邦电力委员会成立，其职责是管制州际的电力批发业务；民用航空委员会于 1938 年成立，负责民用航空的进入与价格管制。新政还加强了 1920 年设立的联邦电力委员会的权力，赋予它管理电力和天然价格的新职责。此外，政府还先后成立了一大批负责公用设施建设与管理的公用事业和公共工程管理机构。在管制法律方面，1935 年国会通过了《公用事业法》和《公用事业控股公司法》，旨在为联邦电力委员会行使电价与电力输送管制方面的权力提供法律依据。1938 年又通过了《天然气法》，旨在限制厂商水平与纵向的地区合并，并规定公用企业必须接受州法的约束。严格管制的时代一直持续到 20 世纪 70 年代。在此以前，美国有 14 个联邦机构可以合法地直接干预商业活动，有 100 个州一级机构可以限制商业行为。由美国联邦政府直接管制的经济活动大约占 GDP 的 1/4[②]。

四、英国的国有化政策

英国政府对自然垄断行业的干预最初是通过直接的国有化政策来实现的。在 20 世纪 80 年代建立起管制制度之前，政府对自然垄断领域内的私有企业实施了国有化改造，进行直接干预和管理。

英国自然垄断行业的国有化可以追溯到 20 世纪初。伦敦港务局是英国自然垄断行业中最早的现代公共公司。20 年代和 30 年代英国广播公司、中央电力局、伦敦客运运输局等国有企业相继成立。但自然垄断领域真正的国有化高潮是在 40 年代中期到 60 年代。1945～1951 年工党在其执政期间开展了一次史无前例的国有化运动，将民用航空、电报电话、邮政、铁路、电力、城市交

① Paul，L. Joskow and Roger，G. Noll，Regulation in Theory and Practice：An Overview，Working Papers 218，Massachusetts Institute of Technology（MIT），Department of Economics，1978.

② 周其仁：《改革管制方式——为“新经济”破题》，《人民日报》，2000 年 7 月 5 日，第 3 版。

通、供水供气等行业都国有化了，并相继建立了英国欧洲航空公司、英国铁路局、英国机场管理局、英国港务局、国家货运公司、国家公共汽车公司、英格兰运输局、英国电力总局和英国煤气公司等国有垄断企业。铁路、船坞、旅馆、饭店以及运河与内陆河流运输也全部收归国有，并与原来的伦敦旅客运输局一起交由英国运输委员会管理。在以后的历届工党执政期间，政府又陆续建立了一些公共公司，例如，1954 年成立的原子能管理局和独立电视管理局、1966 年成立的英国空港管理局、1968 年成立的旅客运输局，等等。总之，在“第二次世界大战”前后，工党政治家们都大力创建国有企业，把它看作几乎是利他的事业①。

第二节　美国的严格管制与英国国有化政策的比较

一、管制与国有化比较

新古典经济学家和制度经济学家对自然垄断的不同治理方式进行过比较。克鲁、克林多佛尔以效率和公平作为最根本的出发点，将新古典经济理论中的配置效率、X—效率、动态效率、规模效率、价格控制、公平等几个常用标准和新制度经济学中的交易费用、资产专用性这两个标准结合起来作为判断依据，对自然垄断的不同治理方式进行了比较与评价。参见表 2－1，得分为 1 表示该方式“好”，得分为 0 则表示“不好”。

① ［美］丹尼尔·耶金等：《制高点——重建现代世界的政府与市场之争》，段宏等译，外文出版社 2000 年版，第 162 页。

表 2—1　自然垄断的不同治理方式的比较与评价

治理方式	传统效率标准				公平标准		新制度经济学标准	
	配置效率	X—效率	动态效率	规模效率	价格控制	公平	交易费用	资产专用性
报酬率管制	0	0	0	1	1	1	1	1
非对称管制	1	1	1	0	1	1	0	0
特许投标	0	1	0	1	1	1	0	0
国有企业	0	0	0	1	1	`0	1	1

资料来源：肖兴志：《自然垄断行业规制改革模式研究》，东北财经大学出版社 2003 年版，第 93 页。

从表 2—1 可以明显地看出，除了在交易费用和资产专用性这两个方面，国有企业的方式要优于其他几种管制方式外，其他方面都不如管制。

国内有学者则认为，国有化本身可视为管制的一种形式。从产业组织学的角度看，国有企业也可看作是一种特殊的政府管制方式。在政府管制的历史中，国有化一度被当作是一项重要的自然垄断管制政策①。

对于市场经济下的国有化政策与管制的关系，本书认为，作为政府的产业政策，将国有化归为广义管制的一种形式也未尝不可。况且，即使是国有化政策，也没有完全排除狭义管制的因素，如英国自然垄断领域内的国有企业仍然要受到立法机关的管制。然而，管制与国有化政策的关系并不重要，关键的是在管制之前实施国有化政策的做法对以后构建管制制度产生重要影响，这种影响在我国经济转轨环境下尤其深刻。

二、美英的治理方式比较

尽管在 20 世纪 80 年代以前美英两国政府对自然垄断行业都实施了强有力

① 肖兴志：《自然垄断产业规制改革模式研究》，东北财经大学出版社 2003 年版，第 26 页。夏大慰、史东辉等：《政府规制：理论、经验与中国的改革》，经济科学出版社 2003 年版，第 37 页。

的干预，但在具体方式上，英国政府采取了国有化的治理方式。与英国政府不同，美国政府克服自然垄断这一市场失灵的途径，不是通过所有制的改变，而是在坚持私有制产权制度前提下，依据有关法律法规对自然垄断行业从外部实施严格管制。当然，美国的自然垄断行业中也不乏国有企业，但其所占比例十分低。到20世纪80年代初，除邮政、公路全部属于国有以外，铁路和电力的国有部门所占比重都仅为25%，在国有企业中就业的人数也仅占全国总就业人数的1.5%[①]。对此，丹尼尔·耶金和约瑟夫·斯坦尼斯评价为“这是一种美国特有的方式”，“这一动向与欧洲和发展中国家不同”[②]。

不过，无论是美国式的严格管制，还是英国式的国有化政策，政府的出发点都在于克服市场失灵。在崇尚自由竞争、厌恶国家干预的自由主义传统下，美国政府一般不直接介入微观经济，因而在解决自然垄断这一市场失灵时，不是采取国有垄断的方式，而是从反垄断和寡占行为的角度，以是否有利于促进竞争而不是限制竞争作为原则进行治理。而作为市场经济最早萌芽的英国以及欧洲的其他许多国家，在一定程度上则是由于后来受到了意识形态方面的影响，而采取了与美国式的外部管制这种治理方式相比起来，政府与企业关系更为密切的国有化政策。

第三节 我国与英国自然垄断行业国有化政策的比较

一、两种国有化政策相同之处

虽然一个是处于计划经济体制下，另一个是处于市场经济体制之中，但

① 陈建：《政府与市场：美、英、法、德、日不同市场经济模式研究》，经济管理出版社1995年版，第16页。

② ［美］丹尼尔·耶金等：《制高点——重建现代世界的政府与市场之争》，段宏等译，外文出版社2000年版，第61页。

是，就表面形式来看，我国和英国在自然垄断领域实行的都是国有垄断经营体制，政府对企业实行的都是内部式的管理，即政府凭借所有者身份对企业的成本与利润、定价、补贴等进行干预。

从20世纪60年代初到70年代末，也就是从国有化实施后不久到私有化和管制改革以前这段时间内，英国政府主管部门一共颁布了三个针对国有企业的白皮书，即通过规定投资回报率、资产收益率、定价和补贴政策对国有企业实施财务约束。从广义上来说，如果将国有化也视为管制的形式之一，那么将英国政府颁布白皮书可视为对国有企业的具体管制手段。当然，即使将英国的国有化看作是管制，政府对企业的管制仍然是通过内部化的管理来实现的，这是由国有企业的产权和治理结构所决定的。这一点与我国的国有企业管理体制是相同的。而且，这种管制不同于美国式的管制，是一种将公共利益目标内部化的管制①。

二、两种国有化政策的成因差异

（一）我国实行国有化政策的原因分析

我国长期在自然垄断领域内实行国有垄断经营体制，是实行计划经济的逻辑结果或者目标要求。

任何制度的形成，都有特定的理论作为指导思想或依据。作为计划经济体制指导思想的是经典马克思主义理论。马克思主义认为，人类社会发展到资本主义社会，生产力大大提高，但生产资料的私人占有与生产社会化的矛盾也随之越来越尖锐，在经济运行上则表现为资本主义市场经济制度下无法克服的无政府主义状态。只有实行计划经济才能克服资本主义的种种矛盾，而公有制和国有企业是计划经济的基础。为了实行计划经济，就必然将全社会的企业改造为国有企业，只有全社会的企业都通过国有制的形式消灭了私有制对计划经济的障碍，计划经济才能实现。这样，新中国成立以后，在马克思主义意识形态

① 王俊豪：《英国政府管制体制改革研究》，上海三联书店1998年版，第70页。

和经济学理论的基础上，我国的国有企业就被当作一般的企业制度和计划经济的基础建立起来了。

如果说当时的意识形态和经济理论是普遍建立国有企业的理论依据，那么赶超发达国家的发展战略则是普遍实行国有化的现实原因。我国高度集中的计划经济体制是在经济基础极其薄弱、经济结构严重畸形的基础上，按照苏联模式建立起来的。新中国刚成立时，国民收入年均只有358亿元，人均66元。国民收入中工业的比重只占12.6%，在工业总产值中，重工业只占26.4%。而当时发达国家工业化增加值占国内生产总值的比重一般都在50%左右。例如，美国1953年为48.4%，联邦德国1950年为55%～60%，瑞典1951～1955年为54%～58%①。面对落后的经济基础和不利的国际环境，能否迅速恢复和发展经济，尽快改变落后的经济结构，成为关系国家存亡和发展的关键。因此，政府选择了以重工业优先增长带动整个工业化进程，并实现经济发展的发展战略。为了保证被压低了价格的要素和产品的流向，保证经济中剩余的积累有利于重工业的优先发展，应运而生的一个制度安排就是对经济资源实行计划配置和管理的方法，实行工商企业的国有化，取消企业自主经营的权限。

当然，我国自然垄断行业之所以由中央政府或地方政府所有的企业独家经营，也考虑到了多家经营会导致重复建设的因素。然而，从深层次来看，为了避免重复建设而采取垄断经营的意图不在于提高企业的经营效率，而是为了节约和集中更多的社会资源去满足发展重工业，赶超发达国家的经济发展战略。因此，从表面上看，实行垄断的经营体制遵循着关于自然垄断和规模经济的经济学原理，但实质是为了满足发展计划经济的需要。高度集中的计划经济体制被打破之后，我国走上了探索建立公有制为主体的市场化导向改革的道路。虽然经济已经开始转型，但国有企业仍然是国民经济的主导力量，整个国民经济的发展在很大程度上取决于国有企业的经营状况。尤其是自然垄断行业关系到国计民生，因而这一领域内的国企经营状况更是举足轻重。开放基础设施领域，引入市场竞争机制必然影响到这些企业的生存与发展，因此，为了保证国

① 马建堂：《中国国有企业改革的回顾与展望》，经济管理出版社2000年版，第3页。

有企业的利益，或者说，根本上是为了保证公有制为主体这一社会主义市场经济的特征，这一领域的国有垄断经营体制得以延续。

（二）英国实行国有化政策的原因分析

20 世纪 80 年代以前英国实施国有化政策的原因与我国对自然垄断性行业实行国有化垄断经营体制的原因是完全不同的。在实行国有化前，英国大部分的自然垄断性行业，如电力、煤气、自来水行业中存在着一大批非国有的小规模的生产经营企业。在电力、煤气、自来水行业中，地方政府企业分别为 363 家（1946～1947 年）、207 家（1947 年）、906 家（1954 年），私人企业分别为 202 家（1946～1947 年）、763 家（1947 年）、148 家（1954 年）。这种极其分散的市场格局与自然垄断行业要求实现规模经济效益的特性发生了矛盾，损害了经济效率。如在电力行业，分散经营阻碍了大规模网络的形成，由于各地区之间缺乏互联互通，结果各地企业为了适应高峰用电需要而不得不增加电力配送容量。网络经济和规模经济的缺乏导致电力配送成本居高不下。如 1924～1925 年，电力配送成本占整个电力产业总成本的 44%，而 1933～1934 年，这一比例上升到 60%。因此，要克服分散和小规模经营的弊端就必须实行产业集中，在行业中形成少数几家甚至一家大型企业。而通过市场机制让企业自发自愿地实行兼并重组以实现产业重组需要较长的过程，而且，地方政府出于保护主义，不愿放弃对企业的控制权以及企业创造的财政收入，在一定程度上加大了自由重组的难度。因此，中央政府只有通过法律手段强制性地推行国有化①。可见，英国国有化政策的目的在于提高经济效率，弥补市场机制的不足。

当然，以上原因是仅就自然垄断行业的具体情况而言的。从英国的大背景来看，英国的国有化是大规模进行的，不仅仅局限于这些行业。这样，对自然垄断实行国有化政策的原因似乎应该解释成为它本身就是国内国有化运动的一部分，而国有化运动的展开则是因为英国政府在很大程度上受到了公有制思想的影响。但是，进一步分析却表明，国有化的根本原因仍然是弥补市场失灵。

① 王俊豪：《英国政府管制体制改革研究》，上海三联书店 1998 年版，第 58～59 页。

英国大规模国有化浪潮一共有两次：一次是1945～1951年；另一次是1951～1964年，国有化的对象主要是包括自然垄断行业、基础行业、高新技术产业在内的国家命脉行业，即银行、钢铁、电力、通信、民用航空、煤气、铁路、邮政、公路、内河运输、机场、码头、港口、造船。显然，其中大部分行业都或多或少带有自然垄断或公共产品的性质，只有少数是竞争性行业。而真正由国家完全控制即实行国有垄断的几乎都是自然垄断行业，即电力、供气、铁路、电信；其余的少数竞争性行业，国家只是控制了一部分，如国有经济成分在钢铁业、造船业中占了大部分，在汽车制造业中的比例为2/5①。之所以选择以上行业进行国有化，是由于当时的政府认识到，像电信、电力、铁路这些行业建设投资规模大，资金回收期长，投资风险较高，私人无力或不愿经营，同时电力行业的教训说明分散经营对经济效率造成极大损失；而像供气供水这些地方行业，如果由私人垄断经营，则可能产生多方面的消极后果，如妨碍资源的有效配置，阻碍技术进步，损害消费者利益等。为了纠正私人垄断导致的市场失灵，实现社会公平，就在这些领域以国有垄断取代私人垄断。其他如钢铁、造船等技术含量高的部门，设备陈旧、生产成本高、重新装备需要大量投资，考虑到资金周转慢和经营不景气，私人不愿投入。收归国有后，政府既可利用国家资金大量投资，又可使私人企业得到廉价的基础商品与劳务，从而促进其他行业的更快发展②。因此，英国自然垄断领域的国有化固然是受到了意识形态方面的大气候的影响，但从经济原理上来看，其出发点还是为了弥补市场失灵。

三、两种国有化政策下政企关系的差异

综上所述，虽然从表面上看，我国和英国在自然垄断领域同样实行的是国有化政策，但两者是大相径庭的。我国自然垄断行业的国有垄断经营体制本身就是计划经济的题中之义，它与自然垄断这一经济现象并无因果关系。而英国的国有化政策则是为了解决市场失灵而采取的一种政府干预政策，从这一意义

①② 陈建：《政府与市场：美、英、法、德、日市场经济模式研究》，经济管理出版社1995年版，第81、79页。

上，可以将它视为管制的一种形式。

国有化成因的不同导致了政府与国有企业的关系差异。如果说上述成因的不同反映了两种国有化政策的本质差异，那么，政企关系的不同则是由此导致的外在差异。

政企不分是长期以来包括自然垄断行业在内的我国国有企业管理体制的基本特征。在每一个行业中，都有一个行政主管部门，它既是这个行业的国有企业的所有者代表，负责进行行业管理，同时也参与企业的经营。

同样是国有企业的所有者，英国政府对国有企业的具体经营的干预程度却要小得多。一方面，表现为国有企业具有相对完善的外部治理结构。就中央一级的国有企业而言，其行政管理主要由议会、财政部、政府的各主管部门分工负责。议会与国有企业之间是监督与被监督的关系。议会经常就国有企业的经营方针、经济状况等听取汇报并进行辩论。议会内部设立了许多与国有企业有关的专门委员会，这些委员会分别从不同方面审议和监督国有企业的事务，对政府有关部门和国有企业提出质询，检查它们对所做承诺的落实情况。主管部门主要负责任免公司董事会成员、决定企业的经营方针和发展方向，并与财政部共同决定对国有企业的拨款并实行监督。不过，在这些事务的决定上，主管部门的部长享有很大权力。另一方面，之所以可以将英国政府颁布白皮书的做法视为对国有企业的管制，重要原因之是这一做法符合管制的一个主要特点，即按法律规则进行干预。这恰恰说明了即使是作为所有者，政府对企业的干预也要受到规则约束，而不是随意进行的。当然，主管部长个人权力的过大导致企业在经营中不可避免地会受到基于个人意志的行政干预。虽然英国国有化政策下的政府与企业间的界限不如美国管制下的政府与企业边界那样清晰，但同处在计划经济体制的我国国有企业相比，由于受到根本经济制度的约束，英国的政企界限是相对分明的。

第三章　管制改革的一般动因研究

20 世纪 70 年代末以来，发达国家掀起了一股以放松管制、开放市场为导向的自然垄断政府管制改革浪潮。无独有偶，我国自然垄断行业市场化改革的序幕几乎是在同一时期拉开的。尽管我国自然垄断领域内的改革本身是经济转轨改革的组成部分，但是，中西改革在时间、导向方面的相似性说明，在世界性管制改革浪潮的背后必然存在着共同的理论依据与现实动因。

第一节　对自然垄断这一“市场失灵”的重新认识

一、新定义区分了自然垄断的不同情况与治理对策

如上文所述，对自然垄断的重新定义以成本弱增性代替了规模经济，由此细分了自然垄断的不同情形。与规模经济定义下自然垄断厂商的成本曲线呈下降的形状不同，在成本弱增性的定义之下，厂商单一产品的成本曲线既可能上升，也可能下降。当市场需求量处于平均成本的下降阶段时，边际成本小于平均成本，按边际成本定价会导致厂商亏损，这种情况属于强自然垄断；在平均成本曲线最低点，边际成本与平均成本相等，按边际成本定价使企业盈亏相抵；当市场需求量处于平均成本上升阶段，边际成本大于平均成本，按边际成本定价能够使企业盈利。在后两种情况中，按边际成本定价既可实现厂商的财

务平衡，又可保证社会福利最大化，这两种情况均为弱自然垄断（如图 3—1 所示）。

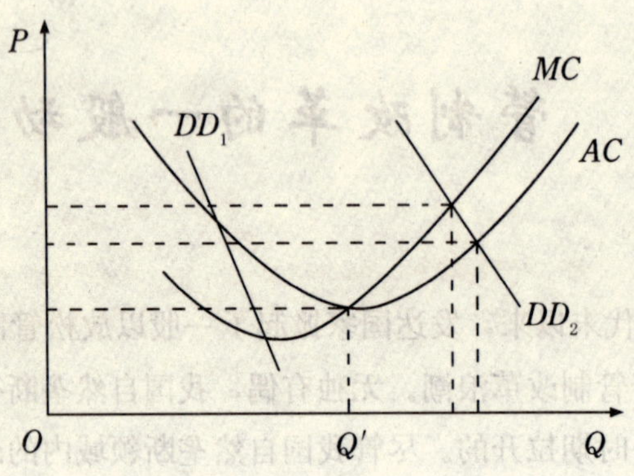

图 3—1 强自然垄断与弱自然垄断

在图 3—1 中，在产量水平 Q 小于 Q' 的范围内，属于强自然垄断；在产量水平 $Q \geqslant Q'$ 的范围内，属于弱自然垄断。

在弱自然垄断的情形下，存在着自然垄断厂商的“可维持性”问题。可维持性指的是在位厂商的定价可以阻止潜在的竞争者进入市场分享利润，以保持其垄断地位。夏基将可维持定价定义为真正能够阻止拥有同等（或低级）技术的竞争对手进入市场的价格①，潘扎和威利格把可维持定价定义为使新进入者的利润水平为负，垄断者的利润水平为非负的一组价格②。不可维持性则指垄断企业无法通过可维持性价格阻止新企业在盈利的情况下与其分享市场份额。在上述 $Q>Q'$ 的弱自然垄断情况中，市场需求曲线与平均成本相交于平均成本上升过程中，此时边际成本大于平均成本，垄断企业按边际成本定价不但使社会福利最大化，还能获得盈利，此时的自然垄断为不可维持的。因为面对新的进入者，原垄断厂商的价格调整有一定的时滞，在这期间，新进入者的定价只

① Willam，W. Sharkey，The Theory of Natural Monopoly，Cambridge University Press，1982，pp. 4—15.

② Panzar，J. C. and R. D. Willg，Free Entry and the Sustainability of Natural Monopoly，Bell Journal of Economics，8 (1)，1977，pp. 1—20.

要稍低于垄断厂商的定价，就能抢夺市场份额，获取一定的利润。由于这种进入增加了整个产业的成本，所以需要政府实行进入管制。在$Q<Q'$的强自然垄断和$Q=Q'$的弱自然垄断情况下，自然垄断是可维持的。因为此时垄断厂商按边际定价要么亏损，要么只是盈亏相抵，竞争者的定价如果再低于原垄断厂商，必然亏损，因而不存在进入激励，从而不需要政府实行进入管制。可见，是否实行进入管制与厂商的可维持性密切相关。综上，对于自然垄断，政府不应采取一刀切的管制政策，而是根据自然垄断的强弱、进入市场有无障碍和企业是否具有可维持性等因素分而治之（参见表3－1）。

表3－1　自然垄断的不同管制方法

自然垄断	进入有障碍（沉淀成本大）	进入无障碍（沉淀成本小）	
		存在可维持性价格	价格无可维持性
强	价格管制1	无须管制	进入管制和价格管制1
弱	价格管制2	无须管制	进入管制和价格管制2

注：表中价格管制1指兼顾企业利益和社会福利的次优定价，价格管制2指边际成本定价。

资料来源：汤敏、茅于轼：《现代经济学前沿专题》（第二辑），商务印书馆2002年版，第26页。

二、范围经济不能为纵向一体化提供充分依据

本书在第一章中指出，范围经济这一概念为电信、电力、铁路等行业维持纵向一体化的垄断结构提供了理论依据，但仔细分析则不尽然。

首先，对自然垄断行业中的网络输送环节与其上游环节之间是否存在范围经济目前没有统一的定论。虽然在理论上可以对范围经济和成本弱增性进行描述，但正如夏基所指出的，成本弱增性是难以直接检验的①。即使能够检验，需要通过定量计算才能得到结论。而各人样本、计算方法的不同都将直接影响到结果的差异度和可信度。比如，一般认为铁路行业具有比较明显的范围经

① Willam, W. Sharkey, The Theory of Natural Monopoly, Cambridge University Press, 1982, pp. 5－6.

济。但是，Brown、Hasenklamp、Oumt & Yu的实证研究显示，虽然理由尚不充分，但同时开展客货运输可能会导致一些范围不经济，其原因和拥挤以及晚点有关，而造成拥挤和晚点的原因是由于在相同的线路上开行了在速度和加速度方面特性都完全不同的列车①。对是否存在范围经济的争议在一定程度上为打破传统的垂直一体化结构，放松进入管制的主张提供了理论空间。

其次，复合供给利益是使得自然垄断行业存在范围经济的原因之一。复合供给利益是由共同设施和共同成本所导致的，与使用或拥有共用设施的厂商的数量并没有确定的联系。以长途电话通信中始发城市的电话拨号和目的城市的电话受话为例。这一过程涉及三个层次：通信信号先要从拨号电话经过线路传至始发城市的中继站；在那里与其他信号一道处理并经过更大的线路系统导入受话城市的当地中继站；之后在此与其他信号分离并经过当地中继线路输至被拨叫的受话电话。在上述通话过程中，涉及三项服务：从拨号电话与拨号始发城市当地中继站之间的服务；拨号始发城市与受话目的城市两个中继站之间的服务；受话目的城市当地的中继站与被拨叫的受话电话之间的服务。如果由三家公司——拨号始发城市里提供拨号电话与当地中继站之间服务的一家公司；在不同城市的电话中继站之间提供远程通信载体服务的一家公司；以及在受话目的城市的当地的中继站与被拨叫的受话电话之间提供服务的一家公司——来分别提供上述三项服务的话，其成本并不一定比单独由一家公司集中提供三项服务的成本要高。原因就在于三家公司使用了同一网络系统，这样就可以避免设施的重复建设。事实上，正是基于以上原因，美国州际贸易委员会对美国电话电报公司进行了强制性的结构性分拆②。

最后，即使纵向一体化能够产生范围经济的好处，但是它却会严重妨碍竞争。电力、电信、供气供水行为中的纵向一体化厂商可以凭借其对掌握基础传输网络的优势，拒绝或排斥其他独立生产厂商接入并使用网络，同时实施类似于搭售的不公平竞争行为。例如，由于较长时期内我国电信公司设置互联互通障碍，导致各运营商之间的网络处于联而不畅状态；国家电力公司排斥非本系

① 武剑红：《竞争与管制理论在中国铁路改革中的应用》，载于张昕竹主编：《中国规制与竞争政策》，社会科学文献出版社2000年版，第160页。

② 周林军：《公用事业管制要论》，人民法院出版社2004年版，第22页。

统的独立发电企业上网。而且，垄断厂商往往通过一体化的组织结构将垄断行为延伸到竞争性的环节，严重损害竞争性环节中其他独立厂商的竞争权利和消费者的消费选择权。例如，在煤气和自来水行业，我国许多地方的煤气公司和自来水公司在新装管道服务中要求用户购买其下属机构的炉具、灶具、水管，从而使得其下属的管道及设备生产企业免于竞争。为了抑制垄断行为，促进市场竞争公平，需要对纵向一体化的结构进行拆分，将其中竞争性的业务剥离出来。虽然拆分可能导致范围经济的丧失，但是，范围经济的损失范围仅仅局限于原有的纵向一体化企业，而垄断和不公平竞争的负面影响却是作用于所有竞争厂商和消费者的。两害相权取其轻，即使损失了范围经济的利益，但为了消除垄断的弊端，也需要打破纵向一体化的结构，引入竞争。

三、技术革新和市场需求的扩大使原有的自然垄断性弱化或消失

某一行业的自然垄断性质不是永远不变的，技术和需求的变化可能使自然垄断性弱化甚至消失，为打破自然垄断行业的垄断，引入市场竞争机制提供了依据。

（一）技术进步的影响

长期以来，规模经济是政府通过管制来保护自然垄断行业独家垄断的市场结构的依据之一。但近几十年来以信息技术和其他高新技术为代表的技术发展和革新使得这些行业中某些业务的规模经济性质发生变化，从而通过进入管制来维持垄断市场结构的理由已经被大大地弱化了。

技术的进步改变了生产函数。最典型的是电信行业。由于过去一直被认为具有自然垄断性质，各国电信业不是由国有企业垄断经营就是在政府的严格管制下运营。然而随着远程通信技术的发展，特别是光纤、通信卫星、计算机等大容量传送途径的开发，大大减少了电信基础设施的投资规模和平均成本。尽管规模经济的效益仍然存在，但是生产成本下降不再单纯地依赖于规模扩张，加快技术的变革同样可以收到收益倍增的效果。再比如电力行业，新技术导致

了电厂最佳生产规模的变化，最佳发电容量从 20 世纪 80 年代大约在 900MW 变为 21 世纪初的 100～1000MW，分散的、新型的电厂比过去的垄断厂商具有更高的生产效率。

技术的另一个影响表现为替代竞争。从经济发展史的角度来看，铁路本来是作为运河的竞争对手产生和发展起来的，在 19 世纪逐渐取得了垄断地位，但是铁路在 20 世纪所处的环境又发生了较大变化，随着高速公路的延伸和飞机场的建设，火车、汽车、飞机之间彼此相互竞争并可以替代，消费者可以根据自己的需要在不同运输方式之间进行选择，这表明自然垄断无法绝对排斥竞争机制。

（二）市场需求扩大的影响

市场范围的扩大，使得一家企业独占市场不再具有合理性。根据规模经济理论，一个行业的独家垄断结构能否成立，或者说该行业的市场应该由一家大厂商来独占还是由多家厂商共同供给，取决于该行业内垄断厂商的平均成本曲线和整个产业需求曲线间的关系。

基于规模经济的自然垄断性质会因市场需求量的扩大而改变。一旦市场需求量扩大到超过了垄断厂商平均成本达到最低的产量水平，该行业的市场结构就不再是完全垄断的。因为随着市场需求量的增大，可变成本也在迅速增长，在总成本中所占的比例越来越大，当单位可变成本的增加速度超过了单位固定成本随着产量增加而不断下降的速度，总的平均成本开始上升。反过来，如果市场规模足够小的话，竞争性行业也可能变为自然垄断行业。例如，在一个足够小的社区中，超市业也会具有自然垄断性质，从整个社区的角度看，一家超市比多家超市供给社区的成本要小。

根据平均成本与市场需求之间的关系，可以将自然垄断区分为暂时性自然垄断和永久自然垄断。在一种产品的情况下，如果自然垄断是永久性的，不论市场需求有多大，厂商的长期平均成本 *LAC* 总是下降，并低于长期边际成本 *LMC*（如图 3—2 所示）。暂时性自然垄断是指长期平均成本超过某一产量之后就不再下降。随着需求量增长到超过了 Q'，自然垄断性市场就变成了可竞争的市场（如图 3—3 所示）。现实中不存在绝对永久性的自然垄断，只有相对永久性的。例如，像电信固话网及基于其上的市话业务、电力的输电网及基于其上的输电业务可能在一个国家的范围内都是具有比较明显的自然垄断性质的，但是随着经济的开放，市场将是全球性的，在世界的范围内，所有产业都是竞争性的。

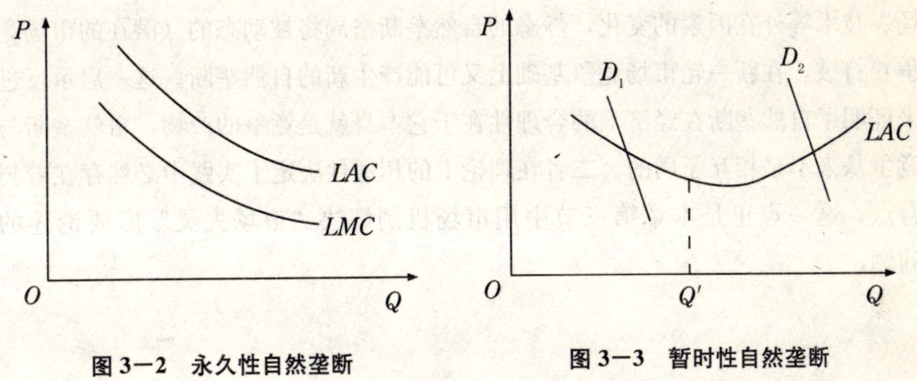

图 3—2 永久性自然垄断　　图 3—3 暂时性自然垄断

斯蒂格利茨曾指出，在过去 20 年中，从世界各国的经验中得到的一个重要启示是，潜在的竞争一般还不够充分，因此必须建立更高水平的竞争，为市场提供有效的制约。我国具有广阔的市场，在多数产业中，可以有很多企业同时生存。虽然竞争是可行的，但是，政府强加的壁垒和历史形成的壁垒导致竞争并没有达到应有的程度①。

被视为是我国电信业进入管制放松标志性事件的中国联通公司的成立，最初就是源于市场需求的扩大。改革开放后，国内经济水平迅速增长，到 20 世纪 90 年代初，邮电部经营的公众通信网的供给能力已经明显滞后于市场需求的发展。而在当时，除了邮电部统一规划和经营的公众通信网络之外，还存在分别归各部门所有的专用通信网。其中，军队通信网、铁路通信网和电力通信网等全国性专用网有 30 多个。所有专用网的微波、电缆线路的总长度，分别是公用网的 2～3 倍。在邮电部的垄断经营之下，一方面公众网不能满足迅速扩大的需求；另一方面，专用网的通信能力又被大量闲置。1992 年，电子工

① ［美］斯蒂格利茨：《促进管制与竞争政策——以网络产业为例》，载于张昕竹：《中国规制与竞争：理论与政策》，社会科学文献出版社 2000 年版，第 375 页。

业部、电力部和铁道部联合提出组建中国联通公司，这一建议尽管遭到来自政企合一的通信行业主管部门——邮电部的反对，但为了解决供不应求的矛盾，联通的进入最终得到中央政府的批准。

技术进步与市场需求扩大的影响带来了深刻的政策启示，这就是，自然垄断不是一个绝对静止的事物，它总是处于不断的变化当中。也就是说，随着市场、技术等外在因素的变化，静态的自然垄断格局将被动态的（潜在的市场竞争）打破，在新一轮市场竞争基础上又可能产生新的自然垄断。这一启示反过来证明了自然垄断在经济上的合理性在于它本身就是竞争的产物，自然垄断与竞争从来不是相互矛盾的。二者在理论上的相通性决定了实践中必然存在着契合点，这一点正是本章第三节中用市场机制解决“市场失灵”所要论述的问题。

第二节 管制中的政府失灵

传统微观经济学认为政府的职能在于矫正“市场失灵”，这种观点暗含一个假设，即政府是“追求社会福利或公共利益最大化的”，政府将社会福利最大化作为自己的政策目标，向社会提供公共产品。传统的政府管制理论就是建立在这一假设基础之上。但是，公共选择理论重新界定了政府行为的目标。公共选择理论认为，政府也存在失灵。与普通人相比，政府官员并无更多的意识形态资本存量，即没有超人的利他动机，作为理性地追求自身效用最大化的经济人，他们在政治市场上以个人利益为追求的目标。因此，政府官员有可能以权谋私，以损害公共利益为代价谋取个人的利益。政府失灵导致政府干预的结果严重偏离实现效率和追求公共利益最大化的目标，人们需要重新权衡市场机制与政府干预。

自然垄断政府管制中的失灵包括两个层次：一是政府“不是好的政府”，即政府干预不是以公共利益最大化为出发点的，这个层次的失灵主要表现为管制俘虏与寻租；二是好的政府也会“好心办坏事”，主要表现为传统管制方法

下的企业低效率、实施管制本身存在高额成本。

一、管制俘虏与寻租

传统管制理论是以政府公共利益最大化为前提的。20 世纪 70 年代提出的管制俘虏与寻租理论否定了传统的管制公共利益理论，重新解释了政府管制的原因。

管制俘虏理论认为政府管制是为了满足产业对管制的需要而产生的，管制机构最终被产业所控制，即执法者为产业所俘虏，政府管制是为了平衡各集团的利益而不是提高社会福利。

施蒂格勒、佩尔兹曼、贝克尔等人运用经济学的基本方法分析管制的产生和实践过程，进一步发展了管制俘虏理论。施蒂格勒认为，各个利益集团在选择效用最大化的行动过程中都是理性的，它们会说服政府使用其强制力这一基本资源，提高自身的福利，政府的管制是应利益集团最大化其收益的需要而产生的①。佩尔兹曼和贝克尔的模型进一步证实并完善了施蒂格勒的观点，得出相同的结论，即在管制中组织得更好的利益集团受益，因为组织得更好的利益集团可以提供更大的政治支持②。这一观点也可以用奥尔森“集团规模”理论来解释。奥尔森认为，在其他条件相同时，集团成员数量越多，每个成员的收益在集团中所占的份额就越小。成员采取行动的成本由自己承担，“搭便车”不可避免。这样，集团越大，收益和成本的不对称性也就越大，从而集团成员采取行动的激励就越低。因此，小的集团更容易组织起来对政府管制产生影响，从而管制的结果倾向于以牺牲大集团的利益来增加于小集团的利益。在现实中，与行业中的厂商相比，广大的消费者是一个更大的集团，因此，管制的结果总是有利于生产者。

管制俘虏与寻租密切相关。利益集团为了获得管制下的垄断利润而对管制

---

① Stigler, G. J., The Theory of Economic Regulation, Bell Journal of Economics and Management Science, 2 (1), 1971, pp. 3—20.

② Peltzman, S., Toward a More General Theory of Regulation, Journal of Law and Economics, 19 (2), 1976, pp. 211—238; Becker, G. S., A Theory of Competition among Pressure Groups for Politiccal Influence, Quarterly Journal of Economics, 98 (3), 1983, pp. 370—400.

政策施加影响的过程就是管制的寻租。管制寻租的可行性源于管制机构的自由裁量权。政府的管制是依据法律和规章来实施的。但一般而言，相关的法律或规章只是提供了管制的原则和准则，具体执行细则是由管制机构来掌握和决定的，因此，管制者在一定程度上拥有自由裁量权。例如，在价格管制中，采用哪种标准来分摊共同成本就取决于管制机构的偏好。在发达国家，寻租主要表现为产业利益集团通过院外游说、政治捐款来争取占有租金的垄断特权；在转型期的发展中国家，寻租则与行贿、受贿等腐败行为联系。寻租是一种非生产性活动，需要耗费大量的社会资源，虽然给寻租者带来了租金收益，但对整个社会而言却是一种损失，而且以不合理的方式重新分配了财富或产权，也损害了社会公平。

管制俘虏与寻租理论比管制公共利益理论更加符合现实，在解释管制实践方面具有更强的说服力。19 世纪末美国国际商业委员会（ICC）对 1887 年铁路运价管制的研究表明，管制与市场失灵并不太相关；对 1912～1937 年美国电力事业价格管制效果的研究则表明，管制仅有微小的导致价格下降的效应，并不像管制公共利益理论所宣称的那样能够促进价格明显地下降①。在我国，由于存在着利益一体化的政企同盟，消费者往往是管制博弈的输家，这是我国特有的管制俘虏现象。不仅如此，随着市场经济体制改革的不断深入，社会政治、经济结构发生了显著的变化，最重要特性之一是权利由统一向分散发展，权利主体由一元变为多元化。利益集团的作用越来越明显，不同的利益团体在渐进改革进程中为了扩大自己的利益空间必然大量设租寻租。

二、传统管制方法的失效

改革以前各国对自然垄断行业一般采取报酬率法，一种是基于平均成本的报酬率法，即允许在回收平均成本的基础上获取一定利润回报。由于利润率的高低与成本高低无关，厂商必然缺乏降低成本的动力。另一种是基本资本额的投资报酬率法，用公式表示，就是 $[R(K, L) - C] \div K < s$。其中，R 为收

① Stigler, G. J. and C. Friedland, What can Regulates: The Case of Electricity, Journal of Law and Economics, 5 (2), 1962, pp. 1-16.

入额，C是总成本，K、L分别代表资本和劳动力成本，s为规定的投资回报率。在此方法下，企业可以获得一定的投资回报。这种方法的低效主要表现为所谓的 A—J 效应。由于回报数额取决于资本数量，企业将倾向于尽可能多地投资，以获得更多的利润。在经济学上，这就意味着，企业选择的不是成本最小或效率最高的生产要素组合，而是更多资本的组合。

管制方法的固有弊端导致管制的效果大大背离于提高效率这一初衷，突出的表现就是企业成本攀升，亏损严重。例如，1973～1975 年，英国政府仅对煤矿、铁路和钢铁三个部门国有企业的财政补贴就达 6.09 亿英镑。之后又急剧扩大，到 70 年代末增加到 18 亿英镑，80 年代中期更是增加到 30 亿英镑，占当年财政赤字总额的 20%。20 世纪 80 年代初，仅为煤炭公司付出的财政补贴就高达 13 亿英镑[①]。

长期以来，低效率是我国国有垄断企业存在的突出问题。这其中的原因当然不能排除国有企业天然的治理结构方面的问题，但是与严格的进入管制和定价方法的不合理也是密切相关的。以改革以前的邮电通信业为典型例子，1994 年联通成立之前，政府允许企业价外收费，虽然大大促进了电信业的发展，但却加强了邮电部门的垄断权力，导致通信收费的节节上涨。例如，北京住宅电话的初装费由 20 世纪 80 年代初的 200 元一直上涨到 1996 年的 5000 元。移动电话的价格最高达到 2.8 万元。天则研究所的一项研究表明，当时我国的电话初装费、长途电话费尤其是国际长途等，都要大大高于存在着竞争的其他国家。垄断地位带来的不仅是价格的畸高，同时还有质量低下的服务。1994 年之前，电话安装的时间在半年以上，交费一年后仍没有安装电话的现象并不少见[②]。

三、管制成本高昂

管制成本是一种隐性税收，它虽然不直接体现在政府的预算中，但是政府

① 胡家勇：《国有经济规模：国际比较》，《改革》，2001 年第 1 期。

② 张维迎：《电信业竞争规则的形成与反垄断问题：兼评盛洪〈竞争规则是如何形成的——联通进入电信业后的案例研究〉》，载于北京天则经济研究所：《中国制度变迁的案例研究》（第二集），中国财政经济出版社 1999 年版，第 120～135 页。

为实施管制而支出的成本最终还是来源于税收。这种隐性税收增加了政府、企业和个人的负担。根据成本的承担对象不同，管制的成本可以分为实施成本和服从成本。

政府管制过程包括立法、执法、法律的修改与调整等环节，实施成本包括所有环节发生的直接成本。具体又可分为制度成本和运作成本。制度成本是指与立法相关的成本。管制法律法规的制定要经过一系列的复杂程序，包括对建议法规的调查听证、法规的制定与颁布、法规实施情况的调查等。运作成本又可分为两类，一类是执行某项具体制度所花费的成本，另一类是建立与维持管制机构正常运转所花费的成本。表 3－2 列出了 1970～1991 年美国联邦政府自然垄断行业管制机构的成本费用。

表 3－2　1970～1991 年美国联邦政府自然垄断行业管制机构的成本费用

单位：百万美元

管制机构	1970 年	1975 年	1980 年	1985 年	1989 年	1990 年	1991 年
联邦通信委员会	25	47	76	96	101	108	118
联邦航空管理局	126	196	281	294	424	490	541
联邦铁路管理局	21	52	85	44	45	66	63
联邦能源管制委员会	18	33	68	98	108	117	123

资料来源：王俊豪：《政府管制经济学导论》，商务印书馆 2001 年版，第 19 页。

服从成本是指“垄断者（厂商）使管制机构服从它的意愿”所付出的成本，这一成本是由厂商自身来承担的。服从成本实际上就是上文所述的利益集团的寻租成本。

国内对自然垄断政府管制成本的实证研究非常少。于良春、丁启军提出，自然垄断产业进入管制成本，包括政府部门管制费用、社会福利损失、收入转移成本、被管制企业成本的增加这四部分。政府部门管制费用是政府相关管制部门因进入管制而发生的一系列费用；社会福利损失是管制下的垄断造成的消费者福利损失；收入转移成本指垄断定价造成的消费者收入向生产者的转移，这种成本无法评价；被管制企业成本的增加包括寻租成本、内部生产效率损

失、管制时滞产生的风险①。按照他们提出的方法，以电信产业、电力产业为例，可以大致估算出政府的管制费用（参见表 3—3 和表 3—4）。

表 3—3 我国电信业管制费用 单位：亿元

年份	2004	2005	2006	2007	2008	2004～2008 总和
GDP	159878.3	183217.4	211923.5	249529.9	300670	—
行政管理费	5521.98	6512.34	7571.05	—	—	—
业务收入	5187.6	5799	6483.8	7280.1	8139.9	—
管制费用	179.17	206.12	231.64	260.08	290.80	1167.81

注：2007 年政府预算收支科目改革，无法得到行政管理费的数据，因而 2007 年和 2008 年管制费用分别根据当年电信业务收入与 2006 年行政管理费占 GDP 比例计算得到。

资料来源：根据《中国统计年鉴》(2008)、《2008 年国民经济与社会发展统计公报》，中国统计局网站；《全国通信业发展统计公报》(2005～2009)、《全国电信业统计公报》(2008～2009)，工业和信息化部网站的有关数据整理。

表 3—4 我国电力业管制费用 单位：亿元

年份	2004	2005	2006	2007	2008	2004～2008 总和
GDP	159878.3	183217.4	211923.5	249529.9	300670	—
行政管理费	5521.98	6512.34	7571.05	—	—	—
销售收入	10280.66	12085.78	14095.75	16683.41	17922.16	—
管制费用	355.08	429.58	503.58	596.02	640.28	2524.54

注：2007 年和 2008 年管制费用分别根据当年销售收入与 2006 年行政管理费占 GDP 比例计算得到。

资料来源：根据《2003 年电力可靠指标发布会》，中国电力企业联合会网站；《2004 年电力供需情况和 2005 年形势报告会》、《电力监管报告》(2006～2008)，国家电监会网站的有关数据整理。

① 于良春、丁启军：《自然垄断产业进入管制的成本收益分析——以中国电信业为例的实证研究》，《中国工业经济》，2007 年第 1 期。

第三节 用市场机制解决“市场失灵”

一、自然垄断的可竞争市场理论

由于技术和市场需求的变化，过去具有自然垄断性质的许多业务都已变得具有竞争性。现在，在自然垄断行业中，只有基础网络业务被公认为具有较强的自然垄断性，例如电信行业的市话业务、电力行业的输电、供水供气行业的输送业务、铁路行业的路网经营，对基础网络环节实行严格的管制仍然是必要的。但是，政府管制的失灵表明政府管制并不能完全有效地解决自然垄断这一市场失灵，这样，发挥市场机制本身的作用，就成为解决当前自然垄断问题的另一把钥匙。可竞争市场理论为在自然垄断领域引入市场竞争机制提供了重要的理论依据。

可竞争市场理论由鲍莫尔等于 1982 年提出。该理论认为，在可竞争市场上不存在超额利润，对垄断产业或寡头垄断产业也不例外。如果现行经营者的定价高于平均成本，就会吸引潜在进入者以同样的成本与垄断企业分割市场份额与利润，潜在进入者即使制定比现有企业更低的价格也能获得正常利润，甚至部分超额利润。在垄断企业做出降价反应之前，消费者会因潜在竞争者提供较低的价格而购买其产品。因此，为了防止潜在进入者的进入，垄断企业只能制定超额利润为零的价格。而且，从长期看，潜在进入者的威胁会迫使现有企业消除生产和管理上的低效率问题。

可竞争市场理论本身的适用性在一定程度上受到条件的制约。首先，新企业只有在垄断企业做出降价反应之前，以低价抢占市场，才能产生所谓压力。由于投资巨大，新企业往往在短期内难以建成，这就为垄断企业进行价格调整提供了机会。其次，大量沉淀成本的存在不利于新企业快速进入与退出市场，从而无法实施其竞争策略。

尽管如此，可竞争市场理论对于政府管制仍然具有相当积极的意义。它的贡献不在于证明了传统的自然垄断行业是具有竞争性的，实际上，由于假设条件的缺陷，它也无法做到这一点。可竞争理论的价值在于为政府提供了这样一种思路，管制不是提高自然垄断行业效率的唯一和最佳的办法。只要适当地放松管制，创造可竞争的市场环境，就可以通过市场机制的自发作用在一定程度上来达到目的。

二、公共产品供给与市场机制

除了美国以外，英国等国对自然垄断领域的传统干预政策是设立国有企业提供产品或服务。正如第一章所分析的，之所以采取国有企业这一政府直接供给的方式，部分归因于自然垄断行业的公共性。现代公共经济学的发展，使人们重新认识了自然垄断与公共产品的关系，以及市场机制在公共产品领域中的作用。

（一）政府和市场的作用或失灵都是相对的

传统公共产品理论认为公共产品应由政府提供，而现代交易费用理论则认为，通过私人间的自愿交换与合作，也可实现公共产品的供给。但无论是政府还是市场，要实现有效供给，都必须满足一系列假设前提。也就是说，在公共产品供给中，政府与市场、公共部门与私人部门，既存在着与其效率条件满足程度相适应的职能，又存在着与其效率条件不能满足下的失效。[①] 理性的制度安排，应该是在正确认识各种组织制度和调节机制的功能与缺陷的基础上，跳出非政府即市场的选择逻辑，趋利避害，建立政府与市场混合调节以及公共部门与私人部门职能互补的制度框架。公共产品供给的原则是，首先应由私人在市场自愿机制引导下进行，在市场失效的情况下，政府再对市场行为实施间接调节，而不是直接干预。在间接调节失效或排他成本过高时，政府才有足够的经济理由，通过建立公共企业、事业机构来直接承担某些公共产品的生产职

① 对公共产品供给的政府效率解与政府失灵、市场效率解与市场失灵的分析详见卢洪友：《公共品调节机制研究》，《财经论丛》，2002 年第 7 期。

责。即使在公共部门直接的供给行为中，也可引入对生产权的拍卖、竞争性契约等市场方式。

（二）公共产品的性质是动态变化的

非排他性是公共产品的要素之一。所谓公共产品的非排他性，在很大程度只存在于理论之中。事实上，即使是像“灯塔”之类的所谓纯公共产品，也存在着一组消费者或使用者之间以及消费者与生产者之间，通过产权界定和市场机制排他的可能性，而且这种可能性将随着经济发展和技术进步变为现实。现代技术的发展使得不少产品或服务由原来意义上的公共产品转化为准公共产品甚至是私人产品，从而市场完全可以承担供给的义务。公共产品排他性量化技术的出现增大了排他的可行性，可以通过“受益者负担”的原则向使用者收取受益费用。如用电、用水、取暖、煤气等收费系统的改进，使这些产品或者服务可以很容易地实现排他。

（三）公共产品的供给不等于生产

公共产品的供给与生产是两个概念，供给可以理解为间接生产或直接生产，而生产仅仅指直接生产。这样，公共产品的政府供给并不排斥市场机制，大多数公共产品的生产和供给是可以借鉴私人产品的。即使是纯粹的公共产品提供，有些环节也可以利用市场竞争机制，通过招投标制度在私人部门之间形成竞争机制。

我国公共品供给制度的主要缺陷是政府通过行政审批、管制等公共制度壁垒来垄断公共产品的生产权。由此造成了资源配置效率低下、质量不高。提高我国公共产品供给效率的途径是按照效率原则，界定市场经济中的政府职能并改进政府治理公共事务的方式，打破政府及公共部门的垄断，放松政府管制，大力推行公共产品生产的市场化。在区分公共产品的生产与提供、政府直接生产与间接生产的基础上，通过改革政府管制制度，向民间资本开放公共品供给市场，构建公司以及各自内部的竞争机制。

总之，自然垄断的可竞争市场理论与公共产品混合供给理论为以市场化、放松管制为特征的管制改革提供了理论上的依据。

第四章　中西管制改革内容的共性研究

世界各国虽然在改革的进程和具体内容方面存在差别，但大都包括以下四个方面的内容：一是放松进入管制，采取不对称管制政策扶植新的竞争者；二是在定价方面越来越重视市场机制的作用；三是打破原有垄断厂商的纵向一体化垄断结构，在已不存在自然垄断属性的竞争环节引入竞争；四是构建形式上独立的管制机构。管制改革内容的共性为我国明确改革方向提供了有益的启示。

第一节　管制改革的共同内容

一、放松进入管制

我国进入管制的放松最早发生在铁路业。20 世纪 80 年代以前，我国国家铁路的投资权高度集中于政府，分别由中央政府和地方政府建设和经营管理。80 年代中期，出现了第一条由政府、民间资本共同出资兴建的合资铁路——三茂铁路，从此打破了政府垄断铁路建设的局面。电力行业进入管制的最初改革也是在 80 年代中期。1985 年电力产业开始实行以“电厂大家办，电网国家管”为方针的集资办电政策，目的在于吸引社会资金投资兴办发电厂。电信业进入管制的放松是以 1994 联通公司的成立为标志的，它标志着我国电信市场独家垄断局面开始被打破。

放松进入管制方面，英国政府的成功之举是培育了第二大电信运营商——莫克瑞公司，后来成为原垄断运营商英国电信的强有力竞争对手；在电力行业，打破纵向一体化的垄断结构，对电力生产与输送实行垂直分离；在煤气行业，限制原垄断厂商英国煤气公司的市场份额，有力促进了新企业进入市场；在自来水行业，通过实施区域间比较竞争机制、允许区域外企业进入区域内经营等措施，同时实现了市场内和市场间的竞争。

美国管制改革最典型的例子是电信行业。美国电话电报公司一度垄断国内长途和市话通信。20 世纪 70 年代初，联邦通信委员会明确了微波通信公司等电信公司的"特殊电信传输服务公司"的身份，允许其开始经营长途业务。到 80 年代，长途业务市场完全放开①。90 年代开始，鼓励电信业的多元化投资以及相关的企业兼并与收购活动。在电力行业，90 年代的《能源政策法》明确了"例外批发发电公司"的概念，它们不像原来垄断性公共电力企业那样受到政府的管制，并且可以竞争性地获得向公共电力企业批发出售电力的权利。

在放松进入管制的同时，各国还积极应用不对称管制政策促进进入管制放松后的市场竞争。自然垄断行业的资产专用性和巨额投资决定了新进入市场的厂商的竞争力一般要弱于已在位的垄断厂商，为了形成势均力敌的竞争局面，政府通常给予新厂商以一定的优惠政策，扶植其尽快提高竞争力。如在电信业中，我国政府对联通公司、英国政府对莫克瑞公司、日本政府给予新厂商定价可以低于原垄断厂商的优惠政策，要求垄断厂商以低成本提供网络接入服务。美国在长话市场上对主导厂商美国电话电报公司实行价格管制，对新厂商则不予管制。

二、拆分原垄断厂商的纵向一体化结构

放松管制以前，各国自然垄断行业基本上是采取纵向一体化的组织结构，即单一厂商垄断整个产业产品或服务的生产、输送和销售的所有环节。管制改

① 欧阳武：《美国的电信管制及其发展》，中国友谊出版社 2000 年版，第 186 页。

革几乎都是从纵向一体化的分解开始，把自然垄断行业链上产品或服务的生产从长距离输送和地区分销等下游环节独立出来，营造上游产品或服务的竞争性结构。

我国自然垄断行业企业组织结构的变革始于电信业。20 世纪 90 年代中期，国家对非基本电信通信业务市场实行更为广泛的开放，从而在电信服务市场上出现了 2600 多家从事无线寻呼服务和增值电信服务的公司。在电力行业，90 年代末，为了实现发电市场的公平竞争，消除电力产业组织结构垂直垄断的弊端，中央政府在浙江、上海、山东、辽宁、吉林、黑龙江等 6 个省（市）开展了“厂网分开、竞价上网”的试点。各类发电公司开展公平竞争，优胜劣汰。

对电信垄断巨商美国电话电报公司实施结构性分离被公认为美国政府改革自然垄断行业管制体制，引入竞争机制的开端。1974 年，美国司法部指控美国电话电报公司垄断了美国的电信设备市场、长途电话和地区性电话市场，最后该公司被分割成为 7 个地区性经营公司，美国电话电报公司只能经营长途电话业务。

组织结构的调整同样是英国管制改革的一项重要内容。从 20 世纪 90 年代开始，英国管制机构对电力公司实行发电、输电、供电业务分业经营，逐步在发电、售电甚至是配电市场上引入竞争，输变电则由全国电网公司独家经营，国家仍对输变电价格进行管制，形成了多家发电公司、多家配售电公司和一家输电公司的格局，从而大大提高了英国电力行业的效率。

三、在价格管制中越来越重视市场机制的作用

我国政府定价方面的种种改革措施体现出政府逐渐向企业放权，某些产品或服务的定价机制向市场定价过渡的特点。在电信业，20 世纪 70 年代末 80 年代初，为了解决电信基础设施投资不足以及电信服务短缺的问题，中央政府采取了“统筹规划、条块结合、分层管理、联合建设”的政策，向地方政府下放了较大的定价权限。到了 90 年代，长话、移动、上网的用户价格已经进入了竞争阶段，逐渐向市场定价过渡。在电力行业，80 年代下放和调整了高度

集中的电价管制权限，实行“还本付息”电价。90年代，在发电环节端引入市场竞价机制。在铁路行业，从1995年起，国家对北京、上海等7个铁路局实行春节期间浮动票价。对于地方性的自然垄断型公用事业，也同样下放了价格管理权限。目前，居民用电价格实行国家和省两级管理，煤气、自来水、城市公交的定价权都下放到了所在城市，但中央仍保留对全国36个大城市自来水价格的核准权。

放松定价管制同样是美英等国管制改革的重要内容。以电信业为例，美国联邦通信委员会为了促进长话市场的竞争，对在市场上居于主导地位的原垄断性厂商美国电话电报公司实行价格管制，但对新加入企业的价格则不管制。1995年联邦通信委员会认为该公司已不再具有垄断地位，长话业务的竞争局面已真正形成，则取消了对美国电话电报公司的价格管制。长话费完全由市场机制决定。日本允许新进入市场的企业的收费可低于原垄断厂商NTT的10%～25%。具体的定价管理形式也由较为严格的申报批准制改为认可制、注册制甚至不加管制①。再如电力行业，英国发电领域的市场结构经历了独家垄断到双寡头垄断再到垄断竞争的格局，零售则从地区性独家垄断到有限制的竞争（在某一业务量以下允许竞争），到2000年，这两个环节的竞争已经相当充分，价格完全由市场决定。

四、构建管制机构

我国第一个非正式管制机构的出现始于电信业。1998年3月，政府在邮电部、电子工业部的基础上组建了信息产业部，并将广播电视部等其他部门的通信管理职能并入信息产业部，将其定位为电信业的管制机构。随后又进行了邮政和电信的分家，我国电信公司成为一个独立经营的电信运营商，至此，与市场型管制相对应的政企分开的体制架构初步形成。在电力行业，政企分开的标志性事件是1997年国家电力公司宣告成立，一年后电力部被撤销，国家经贸委电力司成立，继承了原电力部拥有的行政管理职能。2003年，国家电力

① 张磊：《产业融合与互联网管制》，上海财经大学出版社2001年版，第73页。

监管委员会的成立则标志着我国首个正式的专业政府管制机构的诞生。

重建管制机构是英国管制改革的主要内容。英国“把原来由政府直接干预国有企业生产经营活动的管制体制，改革成为由相对独立的专门政府管制机构通过一定的政策措施对企业实行间接管制”①。总体来看，改革后“政府管制的总体框架大致由政府管制立法、确认各个管制机构的权力与责任、各管制机构之间的运作关系等部分组成”。各行业管制机构参见表 4－1。根据相应立法建立的管制机构，除了各产业新建的管制办公室外，还包括垄断与兼并委员会和公平交易办公室。这两个委员会是对以上所有产业都拥有管制权力的综合管制机构。在整个政府的管制运行过程中，各产业的政府管制总监与负责该产业的国务大臣，特别是总监，发挥着关键性作用（参见表 4－1）。

表 4－1 英国自然垄断各行业管制机构

行业	管制机构
电信	1984 年根据《电信法》建立电信管制办公室
电力	1989 年根据《电力法》建立电力管制办公室
煤气	1986 年根据《煤气法》建立煤气供应管制办公室
自来水	1989 年根据《自来水法》建立国家江河管理局和自来水服务管制办公室

资料来源：王俊豪：《英国政府管制体制改革研究》，上海三联书店 1998 年版，第 94 页。

第二节 管制改革共性的启示

一、管制改革反映出政府与市场关系的调整

过去 30 年在西方发达国家盛行的自然垄断行业政府管制改革作为政府与

① 王俊豪：《英国政府管制体制改革研究》，上海三联书店 1998 年版，第 56 页。

市场关系转变的一个重要部分，取得了显著的成效。这场放松管制的运动实质上反映出某些领域中政府干预的减弱和市场力量的增强。正如 Richard Mckenzie 和 Dwight Lee 所指出的，“政府力量的增长正受到超越国界的基本经济力量的节制。政府已经变得越来越弱，至少是相对的，并必将变得更弱”[①]。

更准确地说，市场与管制是相互协调相互发展的。一个市场的产生、发展、成熟和规范运行，必须有政府广泛、深入和系统的干预，市场的竞争秩序因为管制而进一步完善。反过来，管制也必须随着市场竞争水平、产业结构和经济规模的发展做出适时的调整。因为市场经济是一个动态的运行过程，市场的竞争程度、交易规模和产业结构在这一运行过程中有着自我调整和自我完善的内在机制。政府管制正是在完善市场竞争、纠正市场失灵的过程中渐进演化形成的。在经历了一段协调发展的过程后，动态的经济和静态的制度之间就可能产生矛盾，静态的制度或是直接阻碍经济的进一步发展，或是由于制度中出现空白点而无法对调整当前的经济秩序发挥作用。

而且，虽然市场失灵在理论上界定了市场与政府的边界，为政府管制提供了理论基础和参照系。但是，在动态经济中，这种边界是比较模糊和处于变化之中的。市场失灵与管制失灵都有可能发生，因此需要对政府干预与市场两种机制进行调整，以寻求制度的均衡。20 世纪五六十年代流行于西方发达国家的管制公共利益学派强调，对于自然垄断实施的政府管制是为了维护社会公共利益。但是，管制的实践以及后来的理论表明，在纠正市场失灵的过程中，政府出现了失灵。特别是在我国这样法制不健全的转轨国家，由于缺乏约束和纠正机制，政府失灵对社会福利产生的危害往往更大。管制的失灵促使人们寻求管制的替代方法，主要思路是在市场中引进更多的竞争机制以提高企业的内部效率，即使这些市场在不同程度上仍然保留或者存在着自然垄断成分。尽管第三章的分析表明这些与市场机制有关的替代方法都无法完全替代管制这一政府干预，但是，不能因此而否认替代方法的积极影响与重要意义。

---

① 肖兴志：《自然垄断产业规制改革模式研究》，东北财经大学出版社 2003 年版，第 80 页。

二、促进效率是管制改革的首要目标

综观各国放松管制的主要原因及实践，可以得出以下结论：效率是管制改革的根本准则。过去对自然垄断行业实行严格管制，是基于这样的认识：一方面，自然垄断意味着规模经济，可节约社会资源。为了保证规模效益，需要进入管制。另一方面，自然垄断企业必然采取垄断定价，需要价格管制来克服垄断定价的弊端。

如果说政府的严格管制是以促进效率、增加社会福利为宗旨，那么，政府放松管制同样是以此为出发点。之所以放松管制，是因为新的理论和实践完善了人们对自然垄断的认识。由成本弱增性决定的自然垄断仍然是实施进入管制的主要理由，但某一行业或业务自然垄断的属性并非一成不变，技术和市场需求等因素的变化将使自然垄断的业务变得具有可竞争性。而且，好的动机也可能导致坏的结果。由于管制成本高昂，制度的不健全为寻租提供了大量机会，政府管制在实践中易产生负面影响。因此，无论是为了适应各种因素引起的自然垄断性质的变化，还是避免政府行为的无效或低效，放松管制都是必要的。

然而，更为全面地看，放松管制并没有完全取代严格的管制。一方面，新的管制内容会伴随一部分管制内容的减少或废弃而出现。另一方面，自然垄断依然存在，管制也不可能完全消失。政府之所以在加强管制与放松管制之间不断地更替变换，其目的正是在于寻求实现效率的次优政策。研究表明，各国管制改革确实对行业的成本、价格、劳动生产率、技术创新等反映企业效率与社会效率的各因素产生了明显的影响（参见表4—2）。

表4—2　放松经济管制对行业竞争和效率的影响

行业	行业结构与竞争	价格	生产率和成本	服务质量
电信	原垄断厂商美国电话电报公司的份额从1984年的68%下降到1997年的35%	长途话费下降36%～49%	下降2/3，每年节约50多亿美元	促进了服务质量，开展了多功能服务，缩短了呼叫时间

续表

行业	行业结构与竞争	价格	生产率和成本	服务质量
铁路货运	铁路货运市场的兼并保存了四个大厂商，小厂商进入后，大小厂商之间竞争激烈	1995年货运价格下降到初始价格的50%	20世纪90年代的生产率是80年代的3倍，成本下降60%，其2/3源于放松管制	服务质量继续提高，零单车（装运多家客户散货）服务及时
国内民航	20世纪90年代国内航线的竞争加剧，长期看竞争增加70%，短期增加20%	短程航线价格总水平下降33%，其中20%源于管制的放松；远程航线价格下降55%	增加了负载要素，远程航线从55%提高到70%	改革提高了安全绩效，航班次数增加
天然气输送	供需双方的直接交易代替了批发商，全国有50个交易市场	1984～1994年，价格下降了31%，需求增加了30%	操作与维修成本降低了35%，生产率提高了24%	1984～1994年，无伪劣及不合格产品

资料来源：宇燕、席涛：《管制型市场与政府管制》，《世界经济》，2003年第5期。

当然，社会公平也是政府管制需要实现的目标之一。随着经济和社会发展水平的日益提高，对基础设施服务的需求越来越普遍。而且，社会的可持续发展要求当代国家的政府将“以人为本”作为施政纲领之一，尤其是应该成为当前发展中国家公共服务体系的目标。在人们对公平目标如此重视的今天，将效率视为政府管制的根本准则似乎既不合时宜，也有失偏颇。然而，进一步分析，则会发现在管制改革中，这两个目标者其实并不矛盾。政府管制的公平目标是通过普遍服务政策来实现的。普遍服务是各国在基础设施领域内共同实施的公共政策，综观各国规定的各行业普遍服务内容不尽相同，但从经济学的一般意义上来说，具有一定的质量保证、对所有用户、可承受价格这三个要素，即以合理的价格对所有用户提供质量合格的服务。普遍服务意味着低收入阶层也能公平地获得享受基础设施服务的机会，这就需要政府通过直接或间接的补

贴来提高低收入阶层的消费能力来实现①。

传统的体制下，各国普遍服务政策主要是依靠交叉补贴这一间接补贴机制来实现的。在实行严格进入管制的情况下，普遍服务的义务是由垄断厂商一家来承担的，而承担这一义务会导致厂商的亏损。技术和地理的因素造成了不发达、边远地区的投资往往更大，而需求量却相对较少，而且收费也低，从而投资收益率可能是很低或者是负的。为了能够维持对不发达地区的业务，垄断厂商必然需要通过其他渠道获得更多利润来弥补这部分损失。这是过去允许交叉补贴存在的原因。获取更多利润的方法之一是向经济较发达地区的消费者收取高价，例如我国电信行业中传统的城市话费补贴农村话费，电力行业中直供区供电公司补贴趸售县用户。另一种方法是政府允许厂商对某些需求弹性比较低的服务收取低价，而对需求弹性较高的服务收取高价，以保证厂商维持财务平衡。例如，用长话费收入补贴市话费收入。再如，大工业、非普工业、商业等用户的销售电价补贴居民、农业用户的销售电价。

然而，与其说交叉补贴这一间接补贴机制能够实现普遍服务，促进分配公平，还不如说它只是一种实现企业财务平衡的机制。因为不同业务或不同地区之间的价格补贴并不一定能使真正需要补贴的低收入阶层受益。首先，就业务而言，在每一种业务无论是长话或者市话的消费者中都存在低收入阶层，就地区而言，即使在城市也存在与农村一样的贫困阶层。因此，能够实现普遍服务目标的补贴应该是直接以低收入消费者为对象的透明而直接的补贴，而不是过去的交叉补贴这样一种间接补贴机制。

其次，放松管制后，由交叉补贴引起的“吸奶脂”问题会使得原垄断企业难以维持普遍服务。吸奶脂，字面的意思是“挑出牛奶温热后上面那层富有脂肪、美味的部分来吃”，在管制经济学中，是指放松管制后，厂商将争相进入有盈利的领域，导致原垄断厂商在这一领域的市场份额和利润都将下降以致亏损，从而交叉补贴失去存在的基础。

总之，交叉补贴机制的弊端决定了需要重新寻找一种新的实施普遍服务政策的机制，或者说，普遍服务这一实现社会公平的政策可以以更有效率的方式

① 直接补贴是指直接增加消费者的收入水平，比如政府直接给穷人发放消费券、补贴现金；间接补贴是指提高消费者的相对收入水平，比如降低价格。交叉补贴与价格相关，是一种间接补贴。

来实施。从这个意义上来说，保证社会公平是管制改革的既定前提，效率仍是其首要目标。

三、管制改革是放松管制与再管制的组合

世界性的管制改革浪潮是以放松管制、引入市场机制为基本特征和主要内容的，因而放松管制通常被认为是管制改革的同义语。但是，这种理解是不完全的。从完整的意义上来说，管制改革是管制的再调整，即政府对其影响企业行为的做法进行了重新安排，而不是简单地取消或放松管制。对于20世纪70年代末开始的管制改革的性质，虽然主流观点认为相对于重新管制而言，放松管制所占的比重更多。但是，也有学者认为，重新管制是管制改革的中心而非附带品[①]。在管制改革中，新的管制伴随着管制的松动而出现。例如，在美国，地区内与地区间长途电话服务的区别的消除增加了州政府管制的范围和权力。而且，作为最后修正判决的结果，法院对电信企业管制活动的介入也有所加强，对产业绩效进行定期审查[②]。

如果将放松管制视为市场化，那么发达国家各国的管制改革则是以不同方式将市场化与重新管制结合在一起的。各国市场化的程度不一，各自采取自己特定的重新管制的形式，并且由此发展出不同类型的新型管制体制。根据市场化与重新管制之间的关系，放松对产业控制的管制改革可分为竞争导向的再管制和法律再管制。在原来竞争机制不发挥作用的垄断领域引入竞争机制，比如基础电信市场，通过扶持新进入者或者使市场在位者处于不利地位的做法，属于竞争导向的再管制。为了应付不断增加的市场复杂性或者为了与更严格的国际管制标准接轨，政府将隐含的规章变为成文的形式，或将行政规章变成法律形式，则属于法律上的再管制（如表4－3所示）。

① Steven K. Vogel, Freer Markets, More Rules: Regulatory Reform in Advanced Industrial Countries, Cornell University Press, 1996.

② ［美］丹尼尔·F. 史普博：《管制与市场》，余晖等译，上海三联书店1999年版，第12页。

表 4—3 减少产业控制的管制改革的类型

竞争导向的再管制（强调自由化）	法律再管制（强调再管制）
管制设计为削弱在位者或帮助竞争者	将非正式的规章变成法律形式（法律化）
增加管制以利于市场的有效运行	将隐含的规章变成成文的形式（条文化）
强化反托拉斯政策（反垄断）和其效力	使评议会议形式化或改革管制程序以确定责任

资料来源：肖兴志：《自然垄断行业规制改革模式研究》，东北财经大学出版社 2003 年版，第 84 页。

总结近 30 年以美英为代表的发达国家管制理论与实践的发展，可以看出，管制与市场机制并不是一种对立的关系。传统的管制理论基于自然垄断，开出了严格管制的药方，这是对市场机制的取代；但随着市场、技术的日益变化以及人们对政府管制失灵、自然垄断市场中潜在的竞争机制认识的逐渐深刻，管制政策的取向从对自然垄断市场的进入限制与垄断厂商的价格限制转变为将通过管制或管制的变革来消除妨碍市场竞争的因素，尽可能为市场机制在自然垄断市场发挥作用创造条件。换句话说，管制改革的变化过程就是从为管制（目标）而管制（手段）转变为将管制作为实现竞争效率的政策工具的变化过程。无论是传统的管制，还是以放松管制为特征的管制改革，都是出于实现公众利益的目的而对自然垄断实施的政府干预。但两者存在着根本的区别，传统的管制对市场经济活动的干预主要依靠强制性的控制或限制措施，即通过非市场手段来限制市场交易。是在市场交易成本过高或市场失灵的情况下，政府行为对市场机制的替代。而管制改革是在市场交易成本过高或市场失灵的情况下，试图通过政府干预来塑造或促成市场竞争与交易，从这一意义上来说，这种管制改革可视为激励性管制。

就我国而言，管制改革更是放松管制与管制重构的结合。转轨后从计划经济下继承的只是管制的某些形式，其实质完全不同于真正的市场型管制。我国计划经济的出发点是取消市场和竞争，以政府计划取而代之。长期的计划经济使政府权力全面而深入地控制了微观经济运行的各个方面，形成我国特有的行政垄断。因此，转轨时期，经济生活的许多垄断实际上并不是市场经济发展到一定阶段市场竞争优胜劣汰的产物，恰恰相反，是行政权力导致的竞争不充分而产生的垄断。实际上，我国目前的状况是经济性垄断的缺乏与行政垄断的充斥并存。这样，我国市场化的政府管制对象不仅包括一般意义的市场失灵，还有传统体制衍生的行政垄断。换句话说，政府不仅是市场失灵的管制者，更是限制自身干预行为的主体。破除行政垄断的过程就是限制政府原有权力、放松直至消除计划管制的过程，也是从计划型管制向市场型管制转变的过程。因此，我国的管制改革必然是一方面放松某些已经不适应形势的计划型管制，另一方面建立市场经济体制要求的市场型管制。

四、放松管制是产权改革与引入竞争的组合

如上所述，虽然不能单纯地将管制改革等同于放松管制，但放松管制的确是这场管制改革的导向之一。就放松管制本身而言，它是一个复合概念，与民营化、产权多元化、开放市场、引入竞争等概念的联系十分密切，其实，产权改革和引入竞争都是放松管制的题中之义。

以英国为代表的发达国家放松管制既不是单纯地私有化，也不仅仅是放开竞争，而是这两者的结合。在 20 世纪的整个 70 年代里，自然垄断领域内的 9 个国有企业的总体劳动生产率的增长速度低于全英劳动生产率的增长速度①。20 世纪 80 年代全英劳动生产率的增长速度要明显高于 70 年代的水平，从 80 年代中后期开始，这几个经过私有化改革后的企业的劳动生产率则明显高于全英的劳动生产率。对于私有化与自由竞争化两者哪一个对英国管制改革的成功具有更大的作用，理论界存在大量争论。英国在私有化过程中积累了丰富的经验，并促成了相关产权理论的发展与创新，一时间使得私有化改革是提高自然垄断企业在内的国有企业效率的最佳途径的观点十分流行。但是，90 年代竞争理论的发展，对私有化在管制改革中的作用的认识有所改变。经过大量实证研究之后，英国的经济学家认为英国自然垄断企业效率提高的动力更多地来自

① 这 9 个国有企业包括英国航空公司、英国机场管理局、英国煤炭公司、英国煤气公司、英国铁路公司、英国钢铁公司、英国电信公司、英国电力供应局、英国邮政局。

竞争而不是私有化[①]。尽管对于自然垄断行业政府管制的改革，私有化和引入竞争到底何者更为重要的问题至今没有形成共识，但关于私有化和自由竞争作用的争议本身就反映了两者在放松管制中都是不可或缺的。

从我国的现实情况来看，我国自然垄断行业的低效率，不完全是政府管制或是缺乏竞争造成的，在相当程度上还源于国有企业改革未能完成。国有垄断体制是我国管制改革的一个约束前提。英国与日本等国在 20 世纪 70 年代末 80 年代初纷纷实施了民营化，其管制体系是在产权私有化的基础上构建的，或者说管制体系是应产权私有化的需要而构建的。美国则素有自由经济的传统，私人产权一直是其各行各业的主要的产权形式，无论是严格的管制，还是放松管制，都是以私人产权为基础的。我国则基本是在放松进入管制，但仍然保持国有垄断的前提下开始建立管制体系的。这意味着我国管制改革的任务更加繁重。抵制竞争机制不仅仅是垄断本身，而且还有来自根植于国有垄断经营体制之中的行政因素。因此，要使竞争机制能够发挥作用，破除行政因素的抵制，有赖于法律环境的完善，即立法与司法制度对行政行为的约束制度更加完善，但这是一个长期的任务。短期内直接而有效的途径是通过产权改革来弱化行政因素对竞争的阻碍。

① 王俊豪：《英国政府管制体制改革研究》，上海三联书店 1998 年版，第 80 页。

第五章　改革后管制现状的比较分析

第一节　进入管制现状之比较

一、美英全面引入市场竞争机制，形成有效竞争

发达国家在自然垄断行业引入竞争机制，包括两种方式，即市场中的竞争和对市场的竞争。市场中的竞争是指通过放开市场进入限制来促进同一市场内的竞争局面。对市场的竞争则是在自然垄断性较强，不适合直接引入竞争机制的领域，实行间接的竞争。这种竞争方式常常被应用于供水、供气等自然垄断型市政公用事业。在供给地区范围内的有限市场需求量之下，这些行业的管网输送部分具有很强的自然垄断性，如果采取直接放开竞争的方法，将破坏自然垄断的特性和规模经济的效率。但是，为了克服独家经营所具有的垄断弊端和政府严格管制的弊端，仍然需要借助市场机制的力量，以实现规模经济效率与社会福利最大化的目的。

美英等国通过采取打破纵向一体化结构、放松进入管制、不对称管制等措施，在自然垄断性质已经发生改变的领域直接引入了竞争机制，促进市场中的竞争。在自然垄断性依然较强的环节，则是通过特许招标和区域竞争这两种间接的方式来实现竞争的。20 世纪 90 年代以来，这两种方式在发达国家的市政

公用事业中得到了较为广泛而成功的运用。特许投标是对市场进入机会的竞争。它是由政府在认定由某一特定企业经营有效的前提下，给予企业特许垄断权。为了刺激企业提高效率，在一定的特许期限后再进行新一轮的竞争投标，将特许权授予以更高效率（更低价格）提供服务的企业。如果在投标阶段有比较充分的竞争，价格就可望达到平均成本水平，获得特许经营权的企业只能得到正常利润而不是超额利润①。

区域间比较竞争是指比较不同地区的同一行业的垄断企业的经营绩效，以经营效率高的企业的经营成本为基准，并考虑各地区的经营环境差异，在此基础上制定管制价格，促使本地区企业为增加利润而提高效率。以英国对自来水产业的管制改革为例。英国政府在 20 世纪 80 年代末 90 年代初的自来水行业管制改革是区域间比较竞争措施成功应用的一个著名案例。在英国的英格兰和威尔士有 10 个地区性自来水供应公司，在苏格兰有 12 个地区性自来水供应公司。政府在为每个自来水供应公司制定管制价格时，对不同企业作了比较效率评估，考虑了每个企业的经营环境中可能会引起经营成本差异的因素，成本较低的企业就能获得较多利润。通过区域竞争，有效地促进了各地区自来水企业的经营效率的提高。

二、我国有效竞争结构尚未形成

各行业进入管制的放松程度不一，如电信的通信业务、电力的发电业务等竞争性环节的市场进入较为宽松，进入市场的厂商数量较多，然而，在已经放松进入管制的环节，市场中的厂商之间并没有能够形成有效的竞争。铁路、民航还处于较为严格的进入管制之下；市政公用事业在网络业务以外环节的市场进入已经有所放松。

市场开放进程最快的是电信业。竞争的本质是让消费者拥有更多的选择主权，且这种选择不受到人为的约束，而市场上存在若干家提供相同或类似产品的厂商，则是实现消费者主权的必要前提。从这个意义上来说，互联互

① Demsetz, H., Why Regulate Utilities, Journal of Law and Economics, 11 (2), 1968, pp. 55－65.

通是通信业务实现真正竞争的重要标志。在这一基础上，消费者可以根据资费的高低、服务质量的好坏，以及一些个人偏好自主选择运营商。它保证了消费者无论选择哪一家运营商，都可享受到基本相同的通信服务。然而，我国基础通信业务的市场开放过程同时也是有关主管部门运用行政权力设置市场进入壁垒，排斥和限制市场竞争的过程。联通公司成立后，虽然表面上是当时中国电信公司的唯一竞争对手，但两者实力相去甚远，无法展开势均力敌的竞争，主要的原因就是受到当时集管理者与经营者于一身的邮电部在网络互联上的限制。信息产业部成立后，虽然在电信业看似已经形成由相对独立的管制机构实行管制，多家运营商共同竞争的格局，实际上则不然。自联通公司成立之日起，互联互通在较长时期内是电信业发展中突出的矛盾。矛盾最为激烈的问题主要包括长话对市话网的接入，移动网与固话网之间的联通，固话网与固话网之间的联通。实现互联互通的关键是市话网的放开，因为所有通信业务的提供都是在这一最基础网络平台上实现的。网络的不联不通背后固然有技术方面的因素，比如网间结算资费难以测算，但是人为因素远比技术因素的影响要大，依靠行政权力的保护维持垄断利益才是问题的要害所在。直到21世纪初，随着电信管理条例的出台，互联互通的问题才逐步得到实质性解决。

中国电信业经过政企分开以及以中国联通成立和拆分原中国电信为标志的两次重组，并没有实质性改变原有的市场结构。在固话领域，中国电信与中国网通两大固网电信运营商在业务和区域上基本彼此独立，没有形成真正的竞争格局。在移动通信领域，中国联通与中国移动，无法形成有效竞争。而且，随着电信技术的发展，移动业务对于固网业务的替代性逐渐增强，移动业务逐渐挤占固网业务，固网用户增长缓慢，分业运营的局限性日益显现。从2006年的四大运营商的中期财报中可以看出：中国移动上半年实现净利润302亿元，同比增长25.5％；中国联通28亿元，增长20.2％。两大固网运营商分别是中国电信140.8亿元、中国网通70.9亿元，同期下降4.2％、7.7％[①]。

① 《电信重组后仍面临深层次矛盾》，http：//tech.qq.com。

2007年上半年，中国移动营业收入已经达到1665.8亿元，增长21.6%，净利润379亿元，增长25.7%；而中国电信2007年上半年营业收入仅为886.2亿元，同比增长了1.5%，但净利润下降了4.8%，降至134.8亿元。其语音业务收入被移动通信快速分流，语音业务收入减至569.97亿元，同比下降6.9%。另外，中国网通一直步履维艰，2007年上半年营业收入下降0.7%，仅为415亿元，利润下降5.4%，仅为67.1亿元[①]。从以上数据看，中国移动净利润已经超过电信、联通、网通净利润之和，形成移动"一家独大"，市场结构已经完全失衡。由于移动通信技术的先天优越性，我国电信运营商的非全业务运营，使电信业的市场结构严重失衡。一度以来手机单向收费、下调漫游费等利于用户的改革推进艰难，在很大程度上都可以归因于这样的市场结构。

2008年5月，在工业和信息化部、国家发改委、财政部的主导下，中国电信业实施了第三次重组改革。重组改革主要包括两大内容，一是电信企业的重组。中国电信收购中国联通CDMA网的资产和用户，中国卫通的基础电信业务并入中国电信；中国联通与中国网通合并；中国铁通并入中国移动。二是由政府给中国联通、中国电信、中国移动三家新的电信企业分别发放3G牌照。改革的目的在于促成形成三家拥有全国性网络资源、实力与规模相对接近、具有全业务经营能力和较强竞争力的市场竞争主体，打破垄断，促进竞争的深化。第三次电信重组后，互联互通问题会再次成为一个关系到有效竞争结构能否形成的问题而凸显。3G牌照发放后，我国通信业将呈现三种3G标准的多种网络并存的格局。互联互通是平衡市场的一个重要手段，它能扶持弱势的运营商不断发展壮大，最终促进整个电信市场的健康发展。

我国铁路业的进入管制改革最落后。理论研究及发达国家改革的实践表明，铁路业的自然垄断性主要在路网环节，客货运业务都具有明显的竞争性。但是，目前我国铁路业的自然垄断性业务与竞争性业务仍然交织在一起，由铁道部这个政企合一的机构对其实行严格的市场保护，并直接经营企业，抑制了

① 《电信重组后仍面临深层次矛盾》，http：//tech. qq. com。

客货运输的市场经营活力，限制了竞争机制的引入。在垄断的保护之下，铁路运输企业提高效率和服务质量的动力不足。铁路运输业的经济效益已由长期盈余变为多年低迷，市场份额和竞争力持续下降。以运输市场为例，1980 年，在铁路、公路与民航构成的全社会客运周转量之中，铁路所占比重为 61%，以后一直下降，到 2000 年这一比重仅为 37%[①]。从货运周转量来看，水上运输量所占比例不断提高，到 2006 年比重为 62%，公路和铁路 2006 年比例下降为 11%和 25%[②]。

对民航运输业的进入管制采取许可方式，进入条件类似于美国的"适合、愿意和能够"的要求。但在实践中，除了法律规定的人员、设施和资本要求以外，还要受到其他限制。一是所有权的限制与歧视。目前现有的全部航空公司中，无一家是非国有控股或外资企业。企业的联合兼并、改制重组、发行证券、股票上市、利用外资都需要履行审核、报批制度。虽然有一些航空公司已经通过上市途径实现了初步的股权多元化，例如东航、上航、海航，还有不少地方航空公司在设立时就是采取多家法人入股的方式。但是这些企业的股权多元化程度还远远不够，国有股权仍然占绝对控股地位。二是航油供应、飞机和航空器材购买、租赁等竞争性业务仍然实施垄断经营。我国的航油政策一直实行计划供应体制。在民航改革中组建的中航油公司，凭借其在油源、储供油设施上的垄断地位，长期以来一直是国内民航运输企业的独家航油供应商。虽然成立了合资的华南蓝天航空油料有限公司，但市场份额远小于在华中、华南处于独家垄断的中航油公司。航空器材购买、租赁等竞争性业务则由原直属民航总局的中国航空器材公司垄断经营。

市政公用事业以自来水与燃气两个行业为例。自来水的生产在一些城市已经打破由国有自来水公司一体化经营的格局，引入了民营或外资的生产企业；自来水管网输送和销售业务都基本上仍然是由国有自来水公司一体化垄断经营。与自来水行业相比，燃气行业的进入管制的放松程度更低，管道燃气输送业务仍然是国有燃气企业垄断经营，管道燃气的生产与销售业务，在大多数城市也仍是由管道燃气公司实行一体化经营。

---

① 肖兴志：《自然垄断产业规制改革模式研究》，东北财经大学出版社 2003 年版，第 222 页。

② 银河证券研究报告：《高速公路　关注送转能力国道主干线公司》，www. stockstar. com。

在已经放松进入管制的市场之中，企业之间之所以未能实现公平竞争，除与行政权力对竞争的直接排斥有关之外，还因为垄断企业凭借行政权力无偿占有着国有资源。计划经济时期政府在分配资源方面形成的行政配置体制，使垄断企业无偿获得了国家拥有的特殊资源，如航线、频谱、频道、路权等。改革开放后，国家在放权让利的同时，并没有相应地将这些无偿分配的资源收归国有，而是继续以行政方式分配给了垄断企业和部门。直到现在，这部分资源的大部分仍然由从原主管部门脱钩出来的企业继续无偿占用。资源的分配不均影响了竞争实力，导致了不公平竞争。

与发达国家的竞争机制已经在自然垄断领域发挥重要作用的状况相比，放松进入管制后，就总体而言，各行业市场独家垄断局面已经为多家并存局面所取代，但从行业中各种具体业务来看，基本还是处于独家垄断或寡头垄断的市场结构之中，其中最大的垄断厂商都是从原行业主管部门中脱离出来的国有独资企业（见表5—1）。

表5—1　我国自然垄断各行业当前的市场结构

行业	管制机构或行业主管部门	市场中的厂商构成	市场结构	垄断厂商的市场份额
铁路	铁道部	北京、上海、郑州、南昌、兰州、沈阳、柳州等铁路分局和广铁集团、其他地方合资铁路公司	各铁路分局在各自辖区内独家垄断	
民航	民航总局	运输：国航、东航、南航三大集团，若干家地方航空公司 航材：中国航空器材公司 油料：中国航空油料公司、华南蓝天航油公司	运输市场：寡头厂商垄断； 航材、油料市场则是独家垄断	国航、南航、东航、海航、深航五大航空公司，占有国内民航运输近90%市场份额①

续表

行业	管制机构或行业主管部门	市场中的厂商构成	市场结构	垄断厂商的市场份额
电力	能源部（1998） 电力工业部（1993） 国家经贸委电力司（1998） 国家电力监管委员会（2002）	发电：5大发电集团、6大中央企业、地方国有发电公司、国家电网所属电厂、众多民营发电企业 输配电：国家电网公司、南方电网公司、内蒙古电力集团 售电：国家电网公司、南方电网公司、西藏电力公司、新疆生产建设兵团、地方水电等若干企业	发电：垄断竞争 输配电：不对称双寡头垄断 售电：寡头垄断	发电：2008年，5大发电集团装机容量约占全国总装机容量的44.90％ 供电：2008年国家电网公司、南方电网公司所属供电企业分别占全国供电企业的69.4％、12.6％②
电信	邮电部（1998年前） 信息产业部（1998年后） 工业与信息化部（2008年后）	1999～2008年： 市话：电信、网通、铁通 长途：电信、网通、联通 IP电话：电信、网通、联通、铁通、移动 移动：移动、联通、电信（小灵通）③ 2008年以后： 电信、联通、移动三大全业务厂商	1999～2008年： 市话业务由电信和网通分别在南北地区居于独家垄断；长途和IP业务属于垄断竞争；移动市场属于双寡头垄断；增值和数据业务属于垄断竞争 2008年以后： 电信市场结构为全业务厂商寡头垄断	移动市场： 2001年移动公司与联通公司的市场份额分别为78％和22％④ 2007年，两家公司的市场份额分别为70％与30％⑤

续表

行业	管制机构或行业主管部门	市场中的厂商构成	市场结构	垄断厂商的市场份额
市政公用事业	地方公用事业管理局或市政管委、市发改委、市政府相关的行业主管部门	生产与销售：国有自来水（燃气、公交、地铁）公司、少数民营企业 管网业务：国有自来水（燃气、公交、地铁）公司	生产与销售业务属于垄断或寡头垄断 管网业务独家垄断	

注：①白天亮：《重组让民航竞争更充分》，《人民日报》，2009年9月18日，第9版。②《电力监管报告》（2008），http：//www. serc. gov. cn/zwgk/jggg/200904/t20090423 _ 11296. htm。③从技术方面来看，小灵通既不属于长话业务，也不属于市话业务，而是一种基于市话网的本地移动业务，它是市话网垄断的延伸。但是，由于它具有按接近于市话费的水平单向收费和在一定范围内可移动的特点，事实上已经与市话业务和移动业务形成竞争。④吕志勇、陈宏民：《我国自然垄断行业市场化改革的几个关键问题研究》，《我国工业经济》，2003年第8期。⑤根据《2007年全国通信业发展统计公报》数据计算。http：//www. gov. cn/gzdt/2008-02/05/content _ 883563. htm。

第二节　价格管制现状之比较

在自然垄断行业中，价格管制是由政府（管制机构）对经过许可而进入市场并提供垄断性服务的厂商的收费水平及收费结构进行控制。由于价格对企业决策和行为起到指导性的作用，因而价格管制是政府管制中最为重要的一项内容。价格管制包括水平管制与结构管制两方面的内容。

一、美英强调价格管制的效率

（一）关于价格水平管制

1. 两种价格水平管制方法的激励效果比较

价格水平是指每一单位产品或服务收费的高低。过去，价格水平管制方法只是单方面地强调保护消费者利益，但却带来了企业效率和服务质量低下等伴生物。新的价格管制方法重视对企业生产效率的促进，在保证消费者利益的同时，又能实现对企业效率产生明显的激励作用这一目标。在发达国家的实践中，价格管制的变革表现为传统的成本加成机制逐步为价格上限这一高强度激励性价格管制所替代。

成本加成机制是允许企业在成本的基础上获得投资回报，通过投资回报率或成本利润率的确定来限制企业获得的利润，也就是回报率或利润率管制，用公式表示就是 $P=C+Sr$ 或 $P=C\ (1+r)$。其中，C 是企业的单位成本，S 为企业的资本投资总额，r 是投资回报率或成本利润率。成本加成机制存在严重的信息不对称问题，对企业效率的激励效果很弱，故也被称为低强度激励机制。相对于管制机构而言，被管制企业拥有信息优势，这些信息包括其生产的机会成本、消费者需求模式特征、服务质量和提高质量的成本以及消费者对于不同价格结构的敏感性等。信息不对称的存在使得管制机构很难得知企业的真实成本，企业可以利用信息优势虚报成本。为了自身利益，被管制企业不惜花费巨资试图来隐藏真实信息，使得管制机构在信息不完全或错误信息的情况下做出有利于企业的管制决策。比如，根据美国参议院的一项调查，在美国联邦通信委员会受理的一项电信费率案件中，美国电话电报公司在一年中曾为此花费 100 万美元。而在美国民用航空委员会受理的关于航空公司的一项费率案件中，28 家航空公司一年内的庭外非诉讼性经费支出就高达 280 万美元。在加利福尼亚州的 3 项费率审理案件中，仅在法律咨询、技术支持和事实澄清报告方面，涉案的第一家公用企业花费了 30 万～40 万美元，第二家公司花费了 50 万美元，而第三家公司的财务支出达到了 200 万美元。在如此高昂的经费支持

下，这些公司向管制机构提交了大量的文件和数据，力图对管制机构产生信息诱导。还有一些被管制企业提供虚假信息蒙蔽公众和管制机构，使得管制机构在信息不完全或错误信息的情况下做出有利于企业的管制决策。例如日本东京电力公司在20世纪80年代至90年代连续出具多达29份虚假的报告，肆意向管制当局和公众隐瞒其下属的三座核电站中的核心设备存在的受损或可能受损的情况[①]。

当然，管制机构通常要对企业报告的成本信息实行严格审计，以作为制定管制价格的依据。虽然这些审计手段的有效性随着管制机构管制经验的丰富和专业水平的提高而提高，但是其解决信息不对称的作用仍然是有限的，而且还需为此付出大量的人力物力成本。况且，即使在严格的审计制度下，企业难以虚报成本，管制机构也无法清楚地了解被审计出来的成本是否是企业努力经营的有效成本。在成本加成机制下，无论成本水平如何，获得的收益率总是固定的，因而企业没有提高生产率和服务质量的动力。

价格上限机制是指对被管制企业的产品或服务的价格设定上限的管制方法，在上限之内，企业价格可以自主变动，用公式表示为 $P_t=P_{t-1}$（1+［$RPI-X$］÷100）。其中，P_{t-1} 为基期加权平均价格，P_t 为以下各年价格调整的上限，RPI 为该年的零售物价上涨率或通货膨胀率，X 是受管制产业的生产率增长率。基期加权平均价格和即期通货膨胀率都是给定的，而生产率因子则由管制机构通过估算企业的运营投入、资本投入、许可的资本回报率和资本基数来确定。虽然价格上限机制也不能完全解决信息不对称的问题，但是它对企业信息的依赖程度较成本加成机制要弱得多，它可以产生使企业自动提高效率的效果，也被称为高强度激励机制。由于生产率 X 在管制期内是不变的，如果企业在这段时期内能够通过技术创新或管理水平的改善使实际的 X 提高到事先确定的 X 之上，那么由此带来的剩余收益将归企业自身所有，故企业具备较强的提高效率的激励。而且，生产率水平一般是趋于上升的，企业在一个管制间隔期（3～7年不等）结束之后，即面临着 X 被相应调高的趋势，为了获取剩余收益，企业必须不断地提高实际生产率，以保持在管制机构确定的

① 周林军：《公用事业管制要论》，人民法院出版社2004年版，第317页。

生产率之上。

除了促进企业生产效率外，价格上限机制还能产生有效的拉姆士价格结构。管制机制控制的是综合平均价格水平，在不超过价格上限的范围内，个别产品或服务的价格由企业自主调整。这种管制方法可以达到模拟市场机制的效果，符合拉姆士定价原则。

2. 价格上限管制的应用范围越来越广

在价格水平方面，20 世纪 90 年代以来，价格上限机制在全世界的范围内已经越来越多地运用于电信、电力、自来水、煤气等自然垄断型市政公用事业企业，其中既包括私有企业，也不乏国有企业。

英国是最初应用价格上限管制的国家，从 1983 年应用于电信业的改革取得巨大成功后，价格上限机制又于 1986 年取代传统的报酬率管制方法而运用于煤气行业，1989 年运用于自来水行业，1990 年运用于电力行业。英国各行业的价格上限管制模型参见表 5—2。

表 5—2　英国各行业的价格上限管制模型

行业	价格管制模型	X 值
电信	*RPI*－*X*	由 3%调整到 7.5%
电力	*RPI*－*X*＋*Y*	0 和 1.3%
供气	*RPI*－*X*	由 2%调整到 7.5%
供水	*RPI*＋*K*	平均为 5%

注：①在电力行业中，*X* 有两个取值，其中 0 适用于发电公司，1.3%为地区电力分销公司的平均水平。②在供气行业的价格管制模型中，*Y* 是指由批发到零售的转移成本，允许的转移成本以 1992 年煤气价格指数为准，每年降低 1%。③在供水行业的价格管制模型中，*K* 表示 *X*＋*Q*，其中 *Q* 是为达到当时英国和欧共体法定质量水平而发生的各项成本。

资料来源：王俊豪：《政府管制经济学导论》，商务印书馆 2001 年版，第 107 页。

成本加成机制是美国长期以来使用的价格水平管制方法，这种机制在美国已经有 75 年的历史。但从 20 世纪 80 年代末开始，价格管制方法也逐渐转向价格上限机制。1989 年，美国在电信产业引入价格上限机制，管制对象为美

国电话电报公司以及地方电话服务公司，2000年价格上限管制还被运用于加利福尼亚州电力改革。目前价格管制上限的使用范围在美国有进一步扩大的趋势。

（二）价格结构管制方法及评价

就需求而言，按照需求主体的不同性质可划分为居民用户需求、生产性企业用户需求、服务性企业用户需求、行政机关事业单位用户需求等。按照时间，需求可分为高峰时期需求和非高峰时期需求。按使用量可以划分为大量需求、中量需求和少量需求。不同的需求对应于不同的成本。就成本而言，可将总成本分为固定成本和从量成本。价格结构就是考虑了需求结构和成本结构的价格水平，存在着共同成本分摊的问题。

1. 拉姆士价格结构

为提供多种产品或服务时发生的共同成本包括电力行业中的电厂、输电线路，电信行业中的电话交换机、电信网，煤气和自来水行业中的生产设备、管网等的运行成本，它需要在不同的消费者和产品之间进行分摊，按照拉姆士价格原则分摊共同成本是有效的。

就具有规模经济的自然垄断环节而言，平均成本高于边际成本，按照边际成本定价会导致企业亏损或财政承受负担。按照平均定价则可以保证企业财务平衡，又可以限制超额利润，从而实现社会福利的次优。设企业的价格为P，产量为Q，成本函数为$C(Q)$。约束条件为$PQ-C(Q)=0$。这样平均成本定价问题转化为满足上述约束条件下的社会福利最大化问题：

$$w=\mathrm{Max}\left[\int P(Q)\mathrm{d}Q \quad C(Q)+\lambda(PQ-C(Q))\right]$$

其中，$\int P(Q)\mathrm{d}Q-C(Q)$表示社会福利。

使上式的一阶导数等于零，以求极值：

$$\frac{\mathrm{d}W}{\mathrm{d}Q}=P-\frac{\mathrm{d}C(Q)}{\mathrm{d}Q}+\lambda\left(P+Q\frac{\mathrm{d}P}{\mathrm{d}Q}-\frac{\mathrm{d}C(Q)}{\mathrm{d}Q}\right)=0$$

式中，$\frac{\mathrm{d}C(Q)}{\mathrm{d}Q}=MC$，$MC$为边际成本，从而有：

$$\frac{P-MC}{P}=\frac{\lambda}{1+\lambda}\cdot\frac{Q}{P}\cdot\frac{\mathrm{d}P}{\mathrm{d}Q}=\frac{\lambda}{1+\lambda}\cdot\frac{1}{\varepsilon}$$

其中，$\varepsilon=-\frac{dQ/Q}{dP/P}$是需求的价格弹性。

令，$\frac{\lambda}{1+\lambda}=R$，有

$$\frac{P-MC}{P}=\frac{R}{\varepsilon}，或 P=\frac{MC}{1-R/\varepsilon}$$

上式中R是拉姆士价格指数，MC是边际成本，P是拉姆士价格，即在保证企业财务平衡条件下的社会福利最大化价格，它相当于在边际成本价格的基础上给予一定的加价或折扣。

拉姆士价格就是考虑了需求弹性的有效价格。按拉姆士价格的原理来分摊共同成本应当遵循反比弹性的原则，即弹性小的服务加价或折扣比较大，弹性大的服务加价或折扣比较小，从而形成拉姆士价格结构。

2. 主要的价格结构管制方法及评价

线性定价包括定额收费和从量收费。定额收费是指无论消费量大小，都按固定的标准收费。从量收费是指无论消费量大小，都按相同的单位成本收费。在管制改革以前，定额收费被应用于发达国家的自来水和电信业中。许多发达国家的自来水用户都没有安装水表，而是按人收费，市内电话按月收取固定费用而不考虑通话量。定额收费虽然简单，但是却鼓励过度消费，而且，不考虑需求量的因素。实际上，对于大用户而言，无论是单位生产成本还是单位输送成本都要比小用户低，这样就造成了不同使用量用户之间的不平等。从量收费也存在这一弊端，因而在发达国家这种方法现在几乎完全被非线性收费所取代。

非线性收费的方法主要包括二部制定价、高峰负荷定价、差别定价。非线性收费的特点是将价格水平与需求结构和成本结构联系起来，对不同需求量的产品或服务制定不同的价格，以合理地分摊共同成本。

二部制收费是指将收费分为与消费量无关的基本费和按消费量支付的从量费两部分。用公式表示为$P=T+AQ$，T为基本费，A为单位从量费，Q为需求量，在实践中，由于自然垄断行业的固定成本很大，尽管用户总数也相当多，如果全靠基本费回收，基本费用还是太高，消费量较少的用户会觉得与自己的消费量相比支付的基本费太多，甚至会发生不再使用产品的情况。为解决

基本费太高问题，实践中产生了两种变形：第一种是基本费只负责收回一部分甚至少量的固定成本，其余的费用折算成从量费用征收，这种定价接近平均成本定价和拉姆士定价。第二种是实行选择收费。这种办法对一定需求量以下的用户实行同一从量收费，而对一定需求量以上的用户实行二部收费，如煤气，对家庭用户实行从量收费，对企业用户实行二部收费。二部制收费有两个明显优点：一是企业分别收回固定成本和变动成本，保证了收支平衡；二是可以实现收支平衡约束下的社会经济福利最大化，优于平均定价。这一点可以通过分析不同定价方式下的消费者剩余的比较得到说明（如图 5－1 所示）。

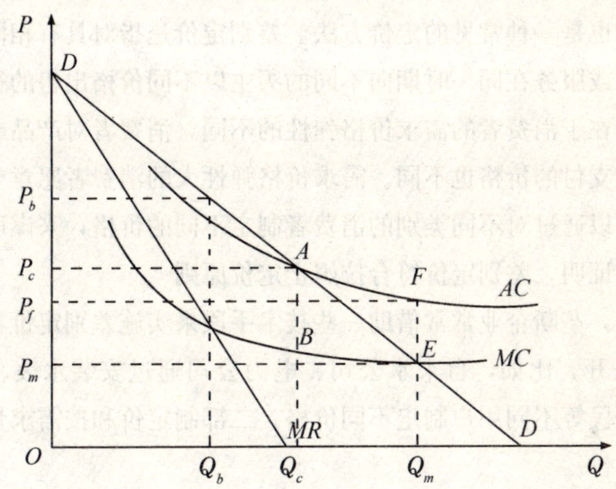

图 5－1 不同定价方式下消费者剩余的比较

图 5－1 中，边际成本定价下的消费者剩余为三角形 DEP_m，平均成本定价下的消费者剩余为三角形 DAP_c，两种定价方式下的固定总额费用分别为四边形 P_cABP_m 与四边形 P_fFEP_m。实行二部制定价，企业将四边形 P_cABP_m 代表的固定费用作为基本费收取，将四边形 P_mEQ_mO 代表的变动成本费用作为从量费收取，可得到的总收入可用多边形 P_cABEQ_mO 内的面积来表示，此时的消费者剩余为三角形 DAP_c 与三角形 AEB 之和，要小于边际成本定价下消费者剩余，但是大于平均成本定价下的消费者剩余。

针对需求量的不同而设计出不同的固定成本与从量成本的收费组合是复合

二部制收费。可以证明，复合二部收费下的社会福利要大于单一的二部收费[①]。

高峰负荷定价被广泛运用于发达国家的电力、供气和供水等行业。这些行业产品或服务的需求量呈现出随时间周期性波动的特点，形成明显的高峰需求和非高峰需求。高峰时期需求过大，可能导致生产设备超负荷运转或供应不足，在非高峰期则出现生产能力的过剩和闲置。为了熨平需求波动，缓解高峰时的拥挤，充分利用资源，并公平地分摊产品或服务的固定成本，需要制定合理的时间差价。可以证明，保证企业财务收支平衡条件下的高峰负荷收费可以实现拉姆士价格结构[②]。

差别定价也是一种常见的定价方法。差别定价是指对具有相同单位平均成本的同类产品或服务在同一时期向不同的买主以不同价格出售的行为。实施差别定价的基础在于消费者的需求价格弹性的不同。消费者对产品或服务的评价不一样，愿意支付的价格也不同。需求价格弹性大的消费者愿意支付更高的价格。厂商就可以通过对不同类别的消费者制定不同的价格，来谋取市场利润的最大化。可以证明，差别定价符合拉姆士定价原则[③]。

在现实中，垄断企业常常借助一些技术手段来实施差别定价将不同需求弹性的消费者分开。比如，自来水公司、电力公司通过安装水表、电表，对工业、商业、居民等不同用户制定不同价格。二部制定价和按需求量累进的定价都属于差别定价。

企业通过差别定价能够获得垄断利润，这似乎违背了价格管制的公共利益目标。但是，由于价格差别而产生的利润，可以弥补进入和固定成本，能够鼓励市场进入和竞争。而且，如果企业采取差别定价不是以获得垄断利润，而是以收回总成本为目的，那么这种差别定价就是正当的。总之，为了发挥差别定价的积极作用，同时维护公共利益，无论企业采取何种形式的差别定价，价格管制的对象应该是企业的综合价格水平而不是个别价格水平。

---

①② 具体证明参见［日］植草益：《微观规制经济学》，朱绍文、胡欣欣等译，中国发展出版社1992年版，第123页，135页。

③ 具体证明参见刘戒骄：《网络产业的放松规制与规制改革》，中国社会科学院研究生院博士论文，2001年，第93页。

二、我国价格管制现状分析

虽然我国自然垄断行业产品或服务的定价机制在不断地改革之中，但仍然在很大程度上沿用计划经济时期形成的旧模式。

（一）价格水平管制的现状与效果

目前我国公用事业价格管制模式主要可为分为三种，第一种是直接定价加财政补贴，即政府确定公用事业产品或服务的价格，企业亏损通过财政补贴弥补。公交、供水等大部分市政公用事业都采用这种定价方法。第二种是比较标准的成本加成定价模式，根据企业可以回收成本且获得一定利润的原则确定价格。20 世纪 80 年代我国电力行业对新建电厂实行一厂一价就属于这种模式。第三种是固定成本加成管制。与第二种方法一样，也属于直接的成本加成定价。但不同之处在于，第三种方法中的服务价格与固定投资回报率是通过投标者在对特许经营权的竞争形成的。2003 年以前这种方法广泛应用于实行特许经营的公用事业。以上三种价格管制模式尽管各有特点，但从基本原理上看都属于成本加成方法，能够保证企业在一定程度上实现财务平衡甚至获得一定收益，从而稳定地提供公用事业产品，而且在公用事业发展不足的时期还能够产生投资的激励效应。然而，在当前的价格管制下，企业主动降低成本、提高效率的动力是不足的。公用事业企业在经营过程中面临着很大的成本快速上升的不确定性。由于原材料价格上涨、工资水平上升、城市化进程加快导致的固定资产投资规模扩大等因素造成了公用事业成本的快速大幅攀升，在成本加成机制下，被管制企业要么通过调价转嫁给消费者，要么通过与政府博弈获得更多的财政补贴。

此外，长期以来，多头的价格管理模式加大了价格管制中信息不对称的程度。价格管制职能被不同的部门割裂开，成本审计和监控、财政补贴由行业主管部门和财政部门负责，价格则由国家发改委审批，负责审批价格的部门不直接掌握企业的成本资料。在这种情况下，企业虚报成本的动机很强，价格管制主客体关系颠倒，成本定价成为了“倒逼”定价。成本的不断增加成为企业提高价格的"合理"理由，也为维持高收入提供了来源。

成本加成定价下，公用事业企业的低效率可以由服务价格、职工报酬、企业效益、劳动效率几方面的指标得到突出的反映。从服务价格来看，1994年以来，除1994、1995、2007三年以外，其他各年水、电、气行业的CPI均高于全国CPI；市内公共交通在2000年以前的各年CPI低于全国CPI，但2000年以后，多数年份CPI高于全国CPI。从职工劳动报酬来看，1994年以来，电、热、水三个行业年人均报酬都要高于全国年人均报酬，且前者增速高于后者；企业效益用工业成本费用率来反映，除自来水行业大部分年份呈下降变化以外，煤气行业的工业费用利润基本上呈直线上升趋势；热力行业2004年以前变化微小，2005～2008年有三年呈上升变化；从全员劳动率来看，除电力、热力行业以外，煤气、自来水行业各年水平都要低于全国各行业平均水平。总之，1994年以来，不断上升的服务价格、职工报酬水平、不变或下降的企业效益水平、无明显提升或下降的生产效率都充分说明了成本加成管制下公用事业企业的低效率。分别见图5—2、图5—3、图5—4、图5—5①。

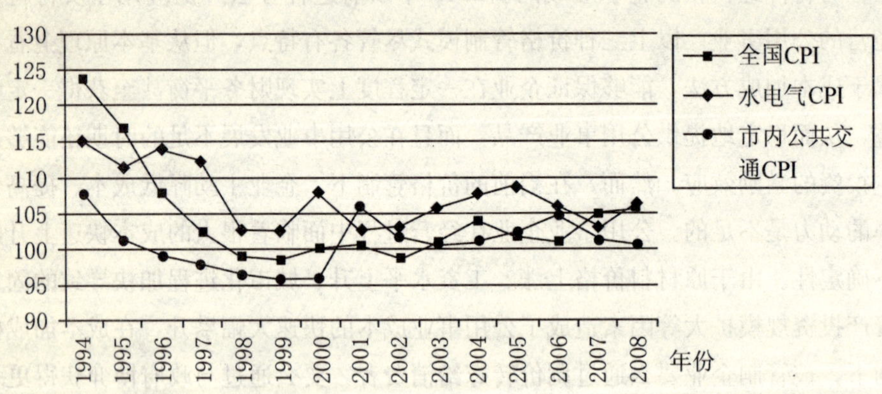

图5—2　1994～2008年全国CPI、水电气分类CPI、市内公共交通分类CPI

---

① 根据《中国统计年鉴》（1995～2009）有关数据绘制。其中，图5—4、图5—5中的数据是按行业"全部国有及规模以上非国有工业企业"来统计的。

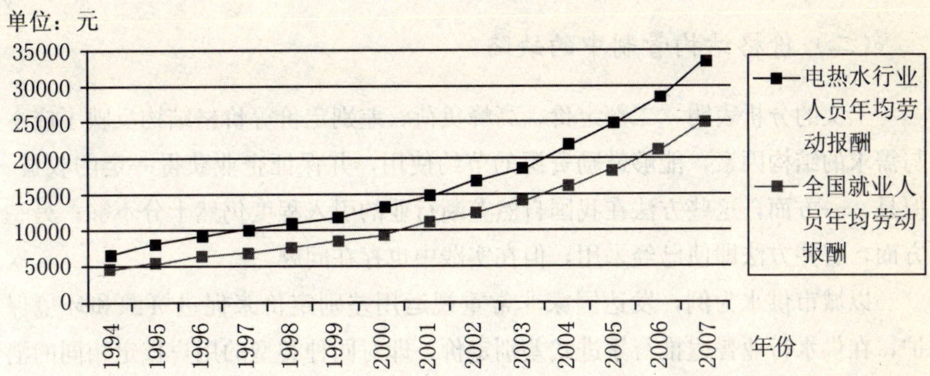

图 5—3　1994～2007 年全国各行业年人均劳动报酬与电热水行业年人均劳动报酬

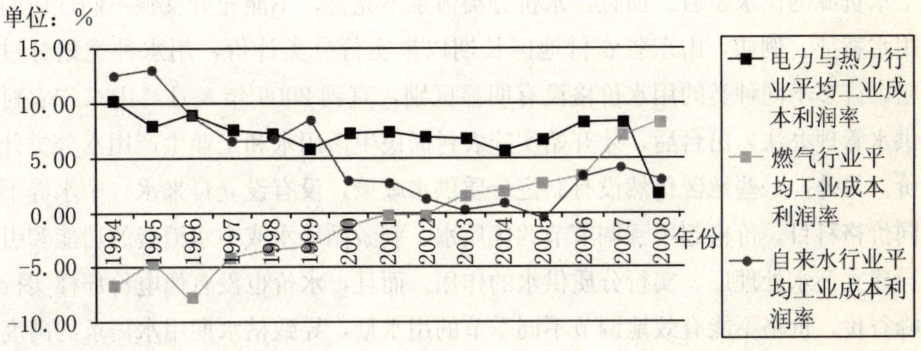

图 5—4　1994～2008 年电力与热力行业、燃气行业、自来水行业的工业成本费用利润率

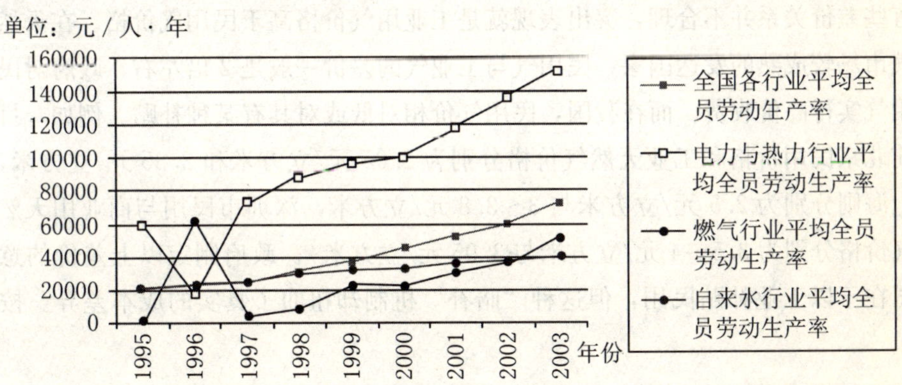

图 5—5　1995～2003 年电力与热力、燃气、自来水行业的全员劳动率与各行业全员劳动率

（二）价格结构管制中的缺陷

上文的分析表明，二部定价、高峰负荷、差别定价等价格结构反映了成本与需求的结构因素，能够鼓励资源的节约使用，并保证企业获得一定的收益。但是，一方面，这些方法在我国自然垄断行业的引入程度仍然十分不够；另一方面，有些方法即使已经采用，但在实践中也存在问题。

以城市供水为例，发达国家非常重视运用差别定价来促进资源和环境保护，在供水行业普遍推行累进式差别定价，即对同种类型的用户核定相同的消费量上限，超过上限部分价格实行累进式递加。我国是水资源极度缺乏的国家，但至今未确立累进制水价制度。即使是两部制水价，也未普遍实行，加剧了水资源的供求矛盾。而且，水价分类体系不完善，不能充分反映不同性质的用水特征。例如，山东省农村地区长期以来实行分类计价，用水种类划分过粗，许多不同种类的用水价格没有明显区别，直到 2009 年 8 月《山东省农村供水管理办法》出台后，才开始实施农村居民生活用水和工业生产用水分类计价。另外，一些地区仍然没有制定分质供水政策，没有设立自来水、中水等不同价格科目，价格起不到调节节约优质水、刺激循环水或中水消费的功能和引导建立污水处理厂、实行分质供水的作用。而且，水价也没有像电价那样实行峰谷价，价格不能有效地调节不同季节的用水量，导致枯水期用水需求的高度膨胀，加剧了供求矛盾。

再以供气为例，长期以来，我国燃气行业按照用户性质实行差别定价，但有些差价关系并不合理，突出表现就是工业用气价格高于民用气价格。在天然气市场较成熟的发达国家，民用气与工业气的差价一般是 2 倍左右，政府对民用气实行高价收费。而在我国，民用气价相对低或对其有某种补贴。例如，目前北京民用价格和工业天然气价格分别为 2.05 元/立方米和 2.35 元/立方米，上海则分别为 2.5 元/立方米与 3～3.8 元/立方米，深圳市民用与商业用天然气价格分别为 3.5～4 元/立方米与 3.95 元/立方米①。政府制定以上差价的意图在于以工业补贴民用，但这种“暗补”机制却扭曲了真实的成本差异。按

① 有关数据来自有关各城市燃气集团公司网站。其中上海市工业用燃气价格与深圳市民用燃气价格实行阶梯价格。

照规模经济原理，公用燃气用户耗气量大，单位产品成本应低于民用燃气成本，价格也应该低于民用气价格。从用户结构上来看，以工业类用户为主可使其基荷用气量稳定、峰谷差小，也容易做到安全供气，容易使上中下游得以协调发展。工业用气价格虽偏低，但系统的整体效益却较好。民用气用户的服务要求较高，供气成本相对较高。民用气价低工业气价高的模式虽然对城市居民用气有一定的鼓励作用，但为了有效带动天然气需求，应该大力鼓励工业用气。

在英国、美国和日本等发达国家，燃气的价格都是民用高于工业用。不少发展中国家由于居民平均收入水平较低，对居民用气一般给予优惠，从而造成与工业用气之间形成一定的价格反差，但差距不是很明显。近年来居民用气价格虽然有所上升，但与发达国家相比，我国居民用气与工业用气的相对价格还是偏低。

第三节　管制立法与行政现状比较

一、管制行政比较

（一）美英独立管制及比较

1. 美国独立管制的特点

在过去近 30 年中，美英等大多数发达国家对自然垄断领域采取了独立管制的模式，有效地实现维护公共利益、防止垄断行为、促进企业效率的提高、防止管制腐败等管制目标，是一种具有较大借鉴意义的制度安排。

美国独立管制是通过独立管制机构来实施的。美国自然垄断行业的独立管制机构分为联邦与州机构。联邦一级的独立管制机构包括联邦通信委员会和联邦能源委员会两个委员会。联邦通信委员会负责州际和国外电话电报管制。联邦能源委员会身兼州际电力批发管制、天然气的输送和销售管制、州际的石油运输价格管制三项职能。州级的独立管制机构主要是各州的独立管制委员会。绝大多数州都按行业分别设置了独立的管制委员会，但也有极个别州设置的是综合型独立管制委员会，例如，纽约州公共服务委员会的职能涵盖了地方的通信、供气、供电、供水等公用事业的管制。

这些独立的管制机构通常被称为“第四政府”，是一种介于司法、立法和行政之间的独立机构。独立管制机构的独立性表现为以下几个方面：

第一，成员任职机制的独立性。这一独立性源于管制机构中成员的任期规定。成员的任期是固定的并且是缺额补选的；委员会中的多数成员不是来自同一个政党；只有在成员渎职、失职或违法的条件下，才由行政机构解除其职务，但需经过立法机关审核。在这种机制下，成员可以避免因为触犯他人利益而存在被免除职务或者降职的风险，外部对职务的干扰因素不再起作用，极大地促进了委员依法独立的行使职责。

第二，意愿表达与决策的独立性。不同于一般行政机构中的行政首长负责制，独立管制机构内部决策的形成主要是基于成员之间的相互磋商，基本不存在命令与服从。这种工作机制大大减少了来自上级的干扰，有利于委员在决策过程中表达真实意愿。

第三，专业能力的独立性。人力资源的多元化构成为管制机构提供了独立完成管制工作的知识与技术基础。在管制机构中，既有经济方面的人才，也有法律、管理、技术方面的专家，多元化的人力资源构成符合管制在技术和知识方面的交叉性与综合性要求，从而使委员会可以独立地胜任复杂的管制工作。

此外，管制程序的透明公开是保证管制独立性的必要条件。美国管制程序主要包括三个基本要素：一是在决策过程中为利益相关者提供发表意见的机会，举行公开听证会是发达国家管制决策程序中普遍采用的步骤，有些决策过程还要聘请专家参加；二是公布决策内容以及详细的理由；三是为受屈方提供申诉的渠道。大多数国家的申诉直接由法院受理。此外，独立管制机构的决策程序也受到外部的监督。管制机构除了要向议会进行工作汇报，接受管制预算审查外，还要接受外部审计机构的定期审计。

实际上，除了独立性的特点以外，美国的独立管制机构还具有“准立法”

和“准司法”综合性质。具体地说，在制定有关的法规时，独立管制机构在行使着类似于立法的职责；在进行价格、服务或安全标准的管制时，独立管制机构扮演的是行政机构的角色；在举行听证、搜集有关事实以及做出裁决时，它又履行着类似法院的功能并且配备有“行政法官”等专门人员。不仅如此，管制委员会还可以决定收集证据并且采用它认为需要采用的规则来起诉和处罚违规的企业，即建立起一种类似法庭的机制。

尽管独立管制机构基本独立于立法、司法、行政三个部门，但是其权力的行使依然要受到三权分立结构的影响。立法、司法和行政机构仍然可以在自认为必要时直接介入管制过程而无须获得独立管制机构的同意，这是在三权分立结构之下的另一种类型的权力制衡。以 1974 年美国司法部诉美国电话电报公司一案为例，尽管按照 1887 年的《州际贸易法》和 1934 年的《通信法》，美国联邦通信委员会应该拥有极为广泛的权力，但这并不意味着它就可以完全自由行事，美国司法部仍然具有随时介入的权力，这直接导致了美国电话电报公司的解体。在这一过程中，司法部门的独立性限制了管制机构的自由裁量权。

独立的管制机构所具有的“准立法”和“准司法”综合性质，使得其具较大的实际权力，从而成为被管制厂商极力要俘获的对象。在美国司法部诉美国电话电报公司一案中，美国司法部坚持认为联邦通信委员会实际上在奉行着偏袒美国电话电报公司的政策，甚至有人认为联邦通信委员会实际已经被美国电话电报公司所“俘获”，因而难以持公正态度。正是出于此种考虑或担心，美国司法部越过该委员会，采取了直接介入的方式对美国电话电报公司案进行了独立审理。而从案件结果来看，美国司法部力主对美国电话电报公司进行结构性分拆，而不是像以往一样仅由联邦通信委员会对其进行一般的管制性纠正。

不过，随着放松管制运动的兴起和发展，美国独立管制机构的经济管制权力受到很大的削弱。市场、技术、理论方面的变化使得管制机构的管制内容由以往的限制市场进入转向鼓励竞争性进入，在价格管制方面不再是直接控制，而是控制与激励并重。随着市场竞争原则更多地被引入政府管制当中，美国独立管制机构的经济控制功能在不断地萎缩，这在一定程度上降低了厂商对俘获的利益预期，从而减少了被俘获的可能性。

2. 英国独立管制的特点

英国自然垄断行业的管制机构是在自然垄断行业的私有化过程中建立起来

的，即在私有化之后，逐步建立对垄断的私人企业进行控制与约束的一套政府管制体制。政府管制体制的内容之一就是政府管制机构。从 1984 年开始至 1989 年的 6 年时间里，英国先后设立了电信管制办公室、煤气供应管制办公室、自来水服务管制办公室、电力供应管制办公室，分别对电信、供气、供水、输电进行进入和价格管制。英国的管制机构所具有的一个重要特点，就是管制机构负责人的个人权力相当集中。在每个管制办公室，都由负责该产业的国务大臣任命一位产业总监来担任办公室负责人。总监具有相当大的权力。总监是管制决策的制定者，工作人员的主要职责是为他提供进行决策的信息。他与国务大臣商量后有权发放企业的经营许可证，有权解释和监督实施被管制企业经营许可证的条款，有权建议修改许可证的有关条款。这种个人权力的高度集中是英国管制机构能够保持独立地位的重要条件。在管制机构负责人拥有足够决策权力情况下，行政部门干预管制的机会就很少了。

实际上，这种个人权力集中式的独立管制模式并不是英国政府在改革中的创新，而有着其制度的历史基础。在私有化之前的国有企业垄断经营时期，英国国有企业与政府之间的关系是十分密切的。这种密切性表现为主管国有企业的官员——政府部长的权力十分大。部长通过任命董事会成员来影响国有企业的重大经营决策，在这种任命制下，国有企业董事会对部长的服从程度是很高的。英国之所以在政府与国有垄断企业之间建立起如此密切的联系，并基于此建立了议会监督政府部长，政府部长监督国有企业董事会，国有企业董事长监督国有企业经理人员的一个较长的委托代理链条，是因为政府认为主管国有企业的部长与国有企业的董事会都是公共利益的代表者。但是，每一个代理人都有自身特定的个人利益，作为理性人，代理人在公共利益与个人利益之间总选择做出有利于后者的决策。而且，实际上，公共利益并不是一个十分清晰的概念，政府部长往往基于他们自己对公共利益的理解来干预国有企业的经营决策。由于不同人有着不同的理解，这就导致干预的随意性较大。英国国有垄断经营的实践说明，仅仅依靠政府部长、国有企业董事会自觉地对公共利益目标进行内部化的管制机制很难产生良好的实际绩效，实际是政府干预的结果偏离建立国有企业的初衷，企业经营缺乏明确的目标，政府官员易被企业俘虏，政府对企业经营决策干预过多，而这些对企业的投资、生产经营都产生了明显的

消极影响[①]。这也是英国政府于 20 世纪 70 年代末在自然垄断行业开始大规模实施私有化，并同时建立新的管制体制的主要原因。

但是，改革总是有路径依赖的，英国 20 世纪 80 年代建立的独立管制模式的权力向个人集中的特点与改革前政府部长拥有国有企业较大的控制权具有很大的相似性，因此，旧模式下的某些弊端不可避免被移植到了新的模式当中。例如，管制权力的个人集中带来了管制的不确定性，对被管制企业提高生产效率产生消极影响。就同一行业来说，在企业的经营期内，如果产业总监发生了变化，那么没有任何机制能够保证下一任总监会沿袭上一任总监的风格，采用一致的管制原则和方法。就不同产业来说，不同产业总监的风格不同，使得有些产业的管制较为严格，另一些行业的管制较为宽松。自然垄断企业的投资建设期较长，企业在进行投资决策之前会将政府的管制行为作为一个重要的因素来考虑，管制的不确定性必然会抑制企业投资，不利于促进行业的技术进步和生产率的提高。英国的新管制体制是以放松控制、加强激励为导向的，但管制者个人权力过大却使得管制结果与改革的导向相悖。

3. 美英两国独立管制制度的比较

美国独立管制机构的历史较长，联邦第一个独立管制机构州际商业委员会在 19 世纪 90 年代就建立起来了，在美国开始放松管制的改革之前，独立管制机构的运作就已经相当成熟了。而英国则是在 20 世纪 80 年代自然垄断行业管制改革的过程中，在政府部门的基础上建立了新的独立的管制机构。英国管制机构的模式从日本模式即政府部门既是产业的主办者又是管制者[②]，向职能独立的管制机构模式转变，与美国的模式靠拢。但是，美英两国的模式还是在不少方面存在明显的差异。

第一，在机构设置方面，美国的独立管制机构是独立于行政系统的，具有准立法、准司法、准行政机构集一身的特点。行政系统无权对管制机构管理的事务进行干预，而英国的独立管制机构则内设于政府部门，管制机构与负责该

① 王俊豪、周小梅：《中国自然垄断产业民营化改革与政府管制政策》，经济管理出版社 2004 年版，第 20 页。

② 日本的管制职能是由政府部门直接承担的，以电信业为例，电信业的管制是由原邮政省来承担的。但是，2001 年，日本将原邮政省合并到总务省中，并在其下设立了电信管制局，还成立了一个独立于政府部门的委员会，专门负责处理电信企业互联互通方面的争端。

产业的政府部门在整个管制过程中共同发挥着重要作用。如电信管制办公室就设在贸易工业部下，该部的国务大臣对管制办公室与被管制企业之间的纠纷具有最终的裁决权。

第二，在管制机构的决策机制方面，美国的管制机构实行委员协商制，而在英国，管制的决策权集中于管制机构的负责人。

第三，在管制的程序方面，美国强调法律程序和公众参与，采取公证和审理的形式；而英国，权力更多地掌握在管制机构手中，由管制机构提供制定管制决策的依据方面。

第四，在司法部门的介入方面，美国的司法干预相对较多，许多管制争端最终通过司法部门的裁决得以解决；在英国，管制机构与被管制企业之间的争端虽然也可以通过司法途径来解决，但是实践中很少使用司法手段。

第五，在管制机构的类型方面，美国的管制机构实际上有两种类型，联邦一级的是分产业型的，即针对特定的产业分别设产业管制机构实施管制，这与英国的情况一样；而州与地方的管制机构是综合型的，由一个统一的管制机构对辖区的公用事业进行管制。

美国与英国的独立管制制度各有优劣。与英国不太注重程序及个人权力集中的管制模式相比，美国的管制注重程序、公众参与，决策的协商机制、司法的干预权较大，克服了英国个人权力集中模式下的各种弊端，更加体现了管制的公共利益取向，有利于实现公共利益。但是，美国的这种模式的运行成本较大，管制决策往往程序复杂冗长、各方意见难以统一，需要花费较长的时间才能完成，而且许多管制问题还会因此悬而未决。相比起来，英国管制的运行成本较小，管制决策效率较高。

（二）我国管制机构职能界定不清，缺乏真正独立性

在我国，除铁路业仍然维持政企合一的体制以外，近年来电信、电力、民航业都进行了政企分开的改革，管制机构不同程度地由政府部门中分离出来。从管制机构履行的职能来看，我国自然垄断产业管制机构的类型分为两种：一是产业政策与管制机构混合型；另一种是单独设置的管制机构。就第一种类型而言，管制机构首先是行业发展的指导者、行业重大计划的制订者和执行者。

不仅担负着从宏观上调控和指导整个产业发展的职能，而且还往往需要主持乃至参与产业内有关重大计划的执行，并对有关计划执行和整个产业发展的具体业绩负有事实上的责任，同时作为行业的管制者来履行部分进入管制或价格管制职能。以电信业与民航业为代表。作为 1998 年政府机构改革的产物，信息产业部的成立标志着电信行业的政企分开。从信息产业部的职能来看，1998 年以后电信行业的多次改革都是由信息产业部与国家发改委等部门来主导实施的，积极地履行了价格、进入管制方面的职能。同时，有关法规也明确规定信息产业部具有“研究制定国民经济信息化发展规划，协助主业推进国家重点信息化工程；指导、协调与组织信息资源的开发利用；指导电子信息技术的推广应用和信息化普及教育”的宏观产业政策职能。在民航业中，民航总局及其地区管理局除了行使进入、价格管制职能，另外还要履行“制定民航事业发展的方针、政策和战略，拟定民航法律，法规草案”的宏观职能，同时也承担着“平衡民航企业间的经济利益”、“监测民航业经济效益”的国有资产管理职能[①]。第二种类型以电力行业为代表。2003 年成立的电监会是我国自然垄断领域第一个专业性管制机构，自成立以来，它在电价市场改革、区域电力市场建设、直购电改革方面所开展的工作都表明了其作为一个管制机构所具有的专业性和相对独立性。尽管与混合型的管制机构模式相比，电监会形式上更接近发达国家独立管制机构，但是它与混合型的管制机构没有实质区别，都不是真正意义上的独立管制机构。在管制职能上，国家发改委、财政部、国资委等政府部门涉足了自然垄断领域各行业的进入管制、价格管制，并且国家发改委掌握最终控制权，所以，无论是哪种类型的管制机构，实质上都只有不完整的管制职能。

（三）管制程序制度设计缺陷较大

听证制度是发达国家政府管制的一个重要的程序制度。它以多方的参与、规范的程序来实现利益的平衡。在价格管制中，价格听证是保证价格管制能够

① 为了解决 1998 年以来民航业因竞争而出现的全行业亏损问题，民航总局于 1998 年 4 月出台了优惠不得低于八折的禁折令，接着又于 2000 年 4 月推出了国内航空公司都必须参加的国内航线联营制度，实质上是一种通过联合限产以避免过度竞争的做法。这是民航总局干预企业经营的典型事件。

实现公共利益最大化的重要制度。随着1998年《价格法》的实施，价格听证成为我国公用事业价格决策当中一个必经的法定程序，2002年出台的《政府价格决策听证办法》明确了价格听证基本规则，使价格听证的实施有了基本依据。

制度的运作效果与制度本身设计的合理性有直接的关系。虽然听证制度已经成为我国公用事业价格决策中的一个必经程序，但是由于制度设计本身还存在着许多明显的问题，从而在这一制度的作用发挥受到很大的限制，也影响了公众对这一项制度的信任程度。

1. 听证代表产生机制不健全

听证就是各利益相关方代表以面对面的方式博弈的过程。就自然垄断行业的价格听证当中，听证代表是各利益相关方的代理人。代表不仅要能够客观地反映自己所代表的利益方的意愿，而且还要对价格调整的必要性和可行性等专业性很强的事项提出具体意见与建议。因此，听证代表的选择直接影响到博弈的结果。在目前我国的价格听证实践中，听证代表的选择由政府主导，听证代表的独立性受到影响。在代表的产生机制上，根据现行法律规定，听证会代表可以采取自愿报名、单位推荐、委托有关社会团体选拔等方式产生，在实践中，代表往往通过自愿报名或单位推荐的方式产生，产生方式单一，对不同类别代表的性质、使命的差异考虑不足，因而难以达到价格听证多方充分参与的目的。而且，在听证代表的择选中，并非所有的相关利益群体都能推出自己的代表，各方利益代表及其内部组成人员之间的比例也经常不均衡，其结果必然影响着各利益群体在价格听证中的平等作用。

2. 缺乏有效的披露机制

信息不对称是自然垄断行业管制的一个难题，它的存在导致了管制效率的低下甚至管制的结果背离初衷。垄断企业以及主管部门在定价信息方面拥有明显的优势，它们可能控制着听证过程中定价信息披露的真实性和全面性，而作为信息受众的消费者代表处于信息获取的劣势地位，在这样的信息不对称情况下，消费者代表往往无法提出有说服力的意见，而且相关专业知识的不足也使得听证代表难以辨清复杂的定价信息。垄断企业及其上级主管部门与其代表在定价信息的掌握上拥有的优势相对于消费者代表来说是天然的，很多必要的基

础性的价格信息有赖于它们提供。例如，铁路票价上浮具有很强的技术性，要经过精密的分析，如成本、客流量、客流分布计算等。垄断行业涉及的技术经济和成本核算问题非常复杂，即使是专家也不可能掌握所有的信息。现行法律法规缺乏对信息披露义务的强制性规定，导致消费者与垄断经营者在听证博弈过程中的地位不平等。

3. 听证的法律效力不明确

虽然现行法规规定多数听证代表不同意定价方案或对其有较大分歧时，价格决策部门应当协调申请人调整方案，必要时由政府价格主管部门再次组织听证。这种原则性的规定只是表现了重视听证结果的倾向和立场，但是对听证结果是否具有法律效力没有做出明确规定，使得听证易于流于形式。

二、管制立法之比较

（一）美英管制立法完备

1. 以完备的管制立法作为改革依据

美英等国的自然垄断管制改革都是遵循着先立法再改革的路径，因而自然形成了较为健全的管制立法体系。

在通信行业，1969 年，美国州际商业委员会通过了《微波通信公司决议案》，批准美国微波通信公司向中、小用户提供电信服务。这意味着美国电话电报公司长达数年的市场独家垄断地位被打破。1981 年，美国联邦通信委员会公布信息产业第二次调查结果，在维持对数据传输基本服务类业务管制的基础上，放松了对提供数据传输和数据处理双重服务的高级服务类业务的管制。1995 年，美国颁布《通信竞争与解除管制法》，全面放开电信市场。1996 年，美国又颁布《通信法》，强制性开放已进入厂商的网络并允许新进入的厂商通过各种方式进入网络接入，已进入的厂商必须以成本价格向新进入者收取网络接入费用。这部法律使竞争机制在电信业中发挥的激励作用达到了前所未有的程度。在电力行业，1978 年，美国颁布《公用事业管制政策法》，将电力输配、网络互联的管辖权划归联邦能源管制委员会并开始调整这些行业的费率，同时颁布了联邦能源委员会第 888 号令。在航空行业，1977 年，美国通过《航空运输放松管制法》，启动了航空运输业放松管制的历程。1978 年，美国颁布了《航空放松管制法》，部分取消了市场进入管制并放松费率管制。在铁路行业，1973 年通过《区域铁路重组法》，放松了对支线铁路停运报废的限制并放松了对铁路费率的管制。1976 年，美国颁布《铁路振兴与管制改革法》，对铁路行业管制政策实行了重大调整，并改革了纵向一体化的组织结构。1980 年的《斯戴基尔斯法》对铁路行业市场实行横向分割，划分为可竞争部分和垄断经营部分。在公路运输行业，1980 年，美国颁布《机动运输法》和《家用货物运输法》，放松了地面运输的管制。1982 年，美国颁布《公共汽车管制改革法》，将放松管制扩大到城市公共交通行业。

英国的管制体制应自然垄断行业私有化的需要而建立，管制改革完全采用了先立法再实施的模式。从 20 世纪 80 年代初到 90 年代初开始，在自然垄断各行业分别颁布了行业基本法，确立了独立管制机构的法律地位与职责权力，并明确了产业市场结构的调整与原国有垄断企业私有化的具体方案。1984 年颁布《电信法》，根据该法设立了电信管制办公室，废除了英国电信公司在电信行业的独家垄断经营权，实施民营化。1986 年颁布了《煤气法》，根据该法设立了煤气供应管制办公室，并废除英国煤气公司的独家垄断经营权，允许该公司向社会出售股份。1989 年颁布了《自来水法》，设立自来水办公室等管制机构，允许 10 个地区自来水公司向社会出售股份。1989 年颁布了《电力法》，根据该法设立了电力管制办公室，把电力企业分割为电网、分销和电力生产三个环节并允许民营化。1993 年颁布了《铁路法》，根据该法设立了铁路管制办公室，并将国有铁路重组为 20 多家列车运营公司，允许它们民营化。

2. 管制与反垄断政策的相互配合

从发达国家的实践来看，反垄断政策与管制政策一起，构成了自然垄断领域内的公共政策。对于这两种政府政策的关系，斯蒂格利茨是这样评价的，"特别行业管制法与反垄断法均以垄断为管制对象。但二者的宗旨、内容和实施手段均不同。前者以承认垄断为前提，而后者以否认垄断为前提；前者以警

戒垄断恶果的出现为目标，而后者以禁止谋求和维持垄断为宗旨”①。可以说，经济性管制强调的是政府行政决策对企业有关决策的替代，而反垄断和反不正当竞争法旨在禁止有关市场行为和市场结构。

从发达国家的经济实践来看，作为竞争的伴生物，垄断属于经济中的普遍现象。自然垄断虽然与其他垄断的成因不同，但各种垄断排斥和限制竞争的方式以及危害性的后果是相同的。而且，现实中自然垄断往往与其他垄断相混杂，企业往往借自然垄断之名实施垄断行为。放松管制后，在位的垄断企业往往会运用垄断权力阻碍竞争，损害经济效率和消费者福利。而且，在政府放松了管制之后，自然垄断行业某些市场中出现寡头竞争格局，与竞争性的市场相比，寡头竞争的市场发生串谋的可能性较大。基于以上认识与实践，发达国家都制定了较为严厉的反垄断法来对付可能出现的垄断与串谋行为，并保证管制决策的客观性和中立性。

对于我国自然垄断行业的管制改革而言，目前已经出现在位厂商排斥竞争的行为，随着改革的深入，将有可能出现寡头串谋行为。因为目前在某些自然垄断行业中，少数企业存在着非常密切的联系，有的甚至还是由一家公司分拆出去的，因此这些企业在政府放松管制之后，达成公开或暗中串谋的可能性更加不容忽视。因此，在我国推进政府管制改革的过程中，为了保证政府管制改革的预期目标的实现，加强反垄断的政策是十分必要的。

（二）我国管制法制和反垄断政策体系建设滞后

至今我国的政府管制仍然基本上是在行政系统内部建立和运行的，并且管制的对象又基本上属于国有企业和事业单位，所以对管制法律体系和管制的法律环境的需求并不很迫切。而且，我国自改革开放以来就有先改革后立法的传统，自然垄断的管制改革继承了这一传统，作为指导实践的法制建设要落后于改革实践。

管制立法的落后表现在两方面：一方面是行业基本法的缺乏或已有的行业基本法内容过于陈旧。目前我国对于自然垄断行业主要是依靠行业法律法规来

① ［美］斯蒂格利茨：《经济学》，姚开建等译，中国人民大学出版社 1997 年版，第 386 页。

管理的，但这些法律法规中的大部分是在管制改革之前由行业主管部门负责起草或制定的，其指导思想往往是保证国家基础设施的安全，并使行业利益合法化，而不是为了规范市场主体的行为。例如，电信行业是我国自然垄断行业引入竞争最早的一个行业，也是改革进程最快的行业，从联通的成立到中国电信的拆分再到互联互通、网间资费结算的改革，以及长途、本地通话业务的完全垄断格局被打破、3G阶段的企业重组，电信行业的改革已经进行到了深入的阶段，在这个过程中暴露出许多无序竞争、过度竞争、政府随意干预的现象，改革的纵深推进对颁布一部能够规范协调各方关系的法律提出了迫切要求，但直到2000年9月政府才颁布了《电信条例》。《电信条例》虽然在形式上与发达国家电信法律相差无几，但由于其立法层次低，仍有明显的部门立法和维护行业利益的痕迹。再如，铁路业目前还是以1990年9月颁布的《铁路法》为基本法律，该法的许多内容已经不适应现实情况。在电力行业，1996年4月实施的《电力法》是自然垄断行业中一部相对较新的法律，但该法规定的主要政府管制机构已发生变化。而且，原则性规定多，操作性较差，如“制定电价，应当合理补偿成本，合理确定收益，依法计入税金，坚持公平负担，促进电力建设”①。但对成本如何构成，收益“合理”的标准是什么没有具体规定。各行业立法情况见表5－3。另一方面，与管制程序相关的法律建设滞后。我国目前的行政法律体系，在行政程序、抽象行政行为的行政诉讼、行政违法行为的法律责任以及行政法与刑法、民法补救措施的接轨等方面，也都缺乏完整的建设，从而不利于建立起透明、合理的管制决策程序。

就我国的国情而言，管制立法落后于管制改革实践的现象有其合理性。我国的改革模式是渐进式的、探索式的、先易后难式的，某一领域改革的步骤、方案的确立建立在对先行改革领域与该领域改革经验与教训的积累的基础之上，在改革之初，确定的只有改革的大方向与框架，细节问题是在改革的过程中通过问题矛盾的暴露、利益集团的博弈等逐渐明晰的，因此，要在改革实施之前就确立一部相对完备作为改革实施依据的法律是不现实的。而且，在我国，某一领域的改革一贯缺乏良好的配套环境，改革涉及的利益关系又错综复

① 王学庆：《垄断性行业的政府管制问题研究》，《管理世界》，2003年第8期。

杂，往往是等改革深入到一定的阶段，暴露出严重的问题与矛盾，即或者是某一利益集团严重受损引起社会不稳定因素，或者是对宏观经济造成负面影响，或者是影响到其他领域某项重要改革的推进时，才会提上立法议程形成法律。即使法律草案已经设计好甚至已经进入到立法提案阶段，最初也会由于利益各方难以达成一致意见或既得利益方的阻碍而难以通过立法程序而进入实施阶段。但是，不能因为我国改革的整体环境不支持先立法再改革的模式就否定改变现实做法的必要性。原因是，在当前我国已经加入世界贸易组织并全面履行世界贸易组织协议的条件下，自然垄断行业将按照协议的要求对外开放，这要求我国国内的法律制度与世界贸易组织的有关规则相适应。世界贸易组织要求各成员国必须履行透明度原则，所有涉外经济贸易法规需要及时公布，并建立公众了解的渠道。这就要求改变先改革再立法的现状，逐步完善法律秩序，规范改革程序。而且，先改革再立法的弊端毕竟是十分明显的。作为管理者，政府的调控与管制依据不足，加重了改革的混乱秩序。

表 5—3 我国自然垄断各行业管理立法状况

行业	行业管理法律法规	颁布时间	起草或制定单位
电信	《电信条例》	2000 年	信息产业部
电力	《电力法》、《电力监管条例》	分别为 1995 年和 2005 年	原电力部
铁路	《铁路法》	1990 年	铁道部
民航	《民用航空法》	1995 年	民航总局
市政公用事业	全国性行业管理办法、地方性法规		建设部、地方政府

2008 年 8 月，我国《反垄断法》正式实施。它将经济性垄断与行政性垄断纳入规制范围，在结合我国国情的基础上引入国际先进立法理念与制度安排，是我国经济立法上的一个标志性事件。这意味着，自然垄断行业不但是行业法规的规制对象，更要接受作为“经济宪法”的《反垄断法》的约束。但由于我国缺乏反垄断传统与执法经验，反垄断法律对一些关键具体问题规定比较笼统，缺乏明确界定。在与自然垄断管制有关的方面，存在着以下几大突出问

题：首先，《反垄断法》与行业监管法之间的关系不明确。如果行业监管法本身就存在垄断之嫌，反垄断机构能否且如何根据《反垄断法》来进行规制？其次，未明确反垄断机构与行业监管机构如何相互配合。根据《反垄断法》，我国的反垄断采取反垄断委员会与各相关反垄断机构分权执法的模式，这是迁就现有体制的制度选择，这一制度最大的弊端在于执法过程中出现执法交叉与相互推诿并存的情形。另外，反垄断机构与现行行业监管机构的职责如何衔接也未明确。此外，对行政垄断的规制局限于“排斥或限制外地经营者”，有失偏颇。实践中，受短期内政绩考核利益的驱动，外资一般受到较高政策待遇，本地中小民营企业往往是地方政府运用行政权力排挤的对象。当然，我国的垄断现象、行为与体制转轨是密切联系的，因此抑制垄断、促进规范市场竞争是一项综合工程，《反垄断法》并非万能，许多问题已经超出它的作用范围，尽管如此，明确以上问题，细化规定对于发挥其应用作用仍然是必要的。

三、对管制者的管制

对管制者的管制主要依赖于立法与司法的力量。西方发达国家的政府管制是在选民—议会—政府—管制者的委托代理环节中建立和运行的，在这一环节中管制者行使权力始终受到立法和司法的监督。选民利益一方面通过议会的立法得到反映，比如，美国的独立管制就是国会通过授权法案来设立的，授权法案被认为是国会控制这些机构的一种有效方式；另一方面，通过独立的司法审查制度得以保证。司法审查制度是约束行为的一项重要制度。比如，美国的法院享有宣布制定的法律以及政府官员或机构的管制行为是否属于违宪行为的权力。州级法院可以裁定管制法律、法规是否违反了联邦或州的宪法规定。而联邦法院可以裁定州或联邦法律、法规是否违反了联邦宪法规定。根据美国的法律实践，某一公用事业管制委员会的法令可以最终被裁定是非法的，如果超出了宪法赋予其可以行使的权力范围或者是超出了其法定权限，或者是基于法律上的失误或过错；或者是被管制的费率水平过低，违反了关于禁上不通过合理程序和不加补偿地征用他人财产的宪法规定；或者是采用武断和非公正的管制行为，如毫无根据或缺乏根据地限定价格等。

我国的政府管制在很大程度上受到政府部门自身的控制，立法和司法机构对行政部门的监督较弱。这表现为，一方面，相对于行政部门而言，公众对立法的影响非常有限；另一方面，我国当前的司法审查制度与美国等发达国家的这一制度存在较大差异。根据我国行政诉讼法，司法审查主要对象是具体行政行为的合法性，不包括抽象行政行为的合法性，这在很大程度上限制了对管制行为的有效约束。

第六章　中西改革差异的原因分析

第一节　我国自然垄断管制与行政垄断的关系

一、管制中的政企关系比较

由于管制改革的实质是市场与政府关系的调整，因而现状的差异必然反映出管制中政企关系的差异。

私有产权是包括自然垄断性企业在内的美国企业的主要产权制度安排，长期以来政府与市场都保持着清晰的界限。在20世纪80年代以前，我国和英国在自然垄断领域实行的都是国有化政策，但前者是计划经济的题中之义，后者则是市场失灵的治理之道。国有化成因的不同自然决定了政企关系的差异。同为国有企业的所有者，英国政府对国有企业具体经营活动的干预程度要小得多。虽然英国国有化政策下的政企界限不如美国严格管制下的政企界限那样清晰，但是，同我国计划经济体制下的政企不分相比，由于受到制度的约束，英国的政企关系是相对简单明确的。20世纪80年代初，英国在基础设施行业领域开始进行大范围的改革，建立以私有化为中心的产权制度改革是英国管制改革的一个重要内容。以电信业为开端，相继对电力、供气供水、铁路等行业进行了私有化改革，从而剪断了传统体制下政府与企业间千丝万缕的联系，使得

政企间的关系进一步清晰化。

与发达国家在自由竞争的基础上形成的“自然性”的垄断市场结构不同，我国的自然垄断行业之“垄断”形成从来与竞争无关，而是由计划配置资源和行政限制进入形成的行政垄断所导致的。尽管从20世纪80年代起我国就在电信、民航、电力等自然垄断领域进行了政企分开的改革，但第五章的分析表明，我国与发达国家的管制现状存在很大差异，行政职能与企业经营职能仍然存在大量交叉，行政权力广泛渗透到企业经营领域中，行政垄断依然严重。行政垄断本身既是我国自然垄断政府管制的重要特征，也是导致我国自然垄断管制改革现状中诸多问题的原因。

二、我国行政垄断与管制现状

第五章分析表明我国与发达国家的差距主要是进入管制放松不够、价格管制仍以低效的方法为主且价格体系混乱、管制改革缺乏法律依据且程度欠透明，这些都反映出管制现状仍然是有利于维护垄断性国有企业的利益的。而造成这种现状的原因就是当前政府管理体制下的行政垄断。

行政垄断是企业凭借行政权力（主要是行政法律法规）获取的垄断地位，它实质上是政府主管部门与垄断企业结成的利益共同体。这种利益共同体与发达国家的管制俘虏有相同之处，即都存在政府和企业的寻租现象，但是又不完全等同于管制俘虏。管制俘虏是市场经济条件下政府管制存在的缺陷，是与市场失灵相对应的政府失灵。而我国的管制机构与垄断企业所结成的利益共同体是包括管制制度在内的一系列政府经济制度安排的产物，在这一制度框架内，管制机构与垄断企业从一开始便是联结在一起的，而并不仅仅是政府和企业两者或是任何一方行为的结果。尽管在行政垄断之下，企业为谋取垄断利润不可避免地会通过寻租活动争取政府的支持和保护，政府主管部门也会通过设租来取得理论上所说的部分乃至全部的垄断利益。但是，即使不存在企业的寻租行为，政府管制机构也会做出有利于垄断性国有企业的管制政策。这是由我国政府经济管理体制和管制制度的设计决定的①。

在多重职能定位之下，负有管制职能的机构同时承担着行业管理和产业发展与调控的重任，不可能单纯从抑制垄断弊端的立场来放松计划型管制和实施中性的市场型管制，国有企业的经营状况与行业供给状况才是其履行职能时所必须考虑的更重要的因素。或者说，管制在很大程度上是为实现国有企业的良性发展和产业结构的合理化这两个目标服务的。明显的一个例子是 2004 年在东北电力市场实行的两部制电价。其中容量电价最终决定权仍然掌握在国家发改委手中，电量电价则由市场竞争产生。国家发改委预期的设想是，政府根据电力供求状况调整容量电价的系数：供大于求时，系数变小；供小于求时，系数增大，即缺电时多支付一些，反之则减少②。一方面，国有企业的经营状况与短期内的宏观经济总量问题密切相关。虽然私有经济的作用日益明显，并越来越广泛地渗透到经济中的各个领域，但是国有企业对经济总量的贡献依然不可轻视，根据专家测算，2005 年我国第二产业与第三产业公有制经济与私有制经济资本的比重分别为 53%与 47%，就业人员比重分别为 39%与 61%，国内生产总值比重分别为 39%与 61%③。尤其自然垄断行业都是基础性甚至是命脉性的行业，这些行业以国有经济成分为主，国有企业仍承担着解决社会就业、维护社会稳定的重任。短期内国有企业经营状况不良会对就业和增长这些宏观总量问题产生明显的负面影响。

对于长期以来一直处于垄断地位的国有企业来说，继续保持管制之下的垄断地位，某些状况较好的行业可能继续维持其盈利现状，对于其他一些行业而言，则至少在短期内经营状况不至于恶化。20 世纪 70 年代末以来我国大多数竞争性行业的市场化改革进程已经证明了这一点。当竞争机制引入后，尽管政府也进行了扶持，但相当部分行业中的国有企业市场优势明显削弱，经营业绩进一步恶化。如果说国有企业的状况与宏观经济总量相关，那么产业结构则关系到宏观经济结构的问题。一旦放松管制，市场进入的松动与价格管制的市场化倾向将会吸引若干企业进入原来被垄断的某个行业，从而可能使行业供给变

① 夏大慰、史东辉等：《理论、经验与中国的改革》，经济科学出版社 2003 年版，第 90 页。
② 姚峰：《两部制电价会导致不公》，《21 世纪经济报道》，2004 年 4 月 5 日，第 11 版。
③ 李成瑞：《关于我国目前公私经济比例的初步测算》，《中华魂》，2006 年第 8 期。

为过剩，引起产业结构的不合理。而且，旨在反垄断的中性管制措施也必然使有关行业的市场结构和企业行为发生变化。这就意味着承担管制职能的机构在实施管制的同时也将承担由此产生的国有企业经营业绩和产业波动的风险及责任，为了减少后者的风险，必然会扭曲管制政策或延缓管制改革。

三、行政垄断下的社会福利损失

与经济性垄断一样，行政垄断的结果也表现为垄断的市场结构和由此导致的垄断行为。但是，经济性垄断毕竟是在竞争的基础上形成的，竞争与垄断本身也处于动态的交替之中，因此，对于经济性垄断下的垄断行为，即使政府不通过反垄断政策加以干预，竞争机制也能进行自发调整，只不过这种调整的过程要慢于政府干预的过程。因为企业的技术发展和管理水平是动态发展的，一方面，小企业会不断地发展壮大直至实力超过垄断的大企业；另一方面，垄断企业内在的不可克服的弊端也将为其他企业提供竞争的机会。这意味着，在经济性垄断的情况下，垄断厂商仍然面对竞争的压力。因此，除了采取垄断行为来维护垄断地位以外，企业还必须不断地提高技术、管理水平、降低成本、改善服务，才能保证始终处于市场的领先地位。而行政垄断则不同，它是建立在政府强制力之上的，只要这一权力存在，竞争机制就无法发挥作用，垄断对社会福利的损害就一直存在。垄断的社会成本如图 6—1 所示。

在图 6—1 中，三角形 *EFC* 表示垄断社会福利净损失，也称哈伯格三角形，是由哈伯格定义的垄断的社会福利损失[①]，反映了因垄断者提高价格并限制产量而引起的生产者和消费者的总福利损失。

矩形 *ABFE* 表示收益从消费者到垄断厂商的转移，是垄断厂商获取的垄断租金，也称为塔洛克四边形。在哈伯格的传统理论中，这部分并不代表垄断的福利损失，它只是一种收入的再分配，从整个社会的角度来看，收入总量并没有发生变化。但是，塔洛克后来的研究表明，对垄断租金的寻求本身就是一种消耗资源的活动，而且，垄断租金将最终会全部被耗散，从而成为净社会福

① Harberger, A. C., Monopoly and Resource Allocation, American Economic Association, Papers and Proceedings, 44 (2), 1954, pp. 77—87.

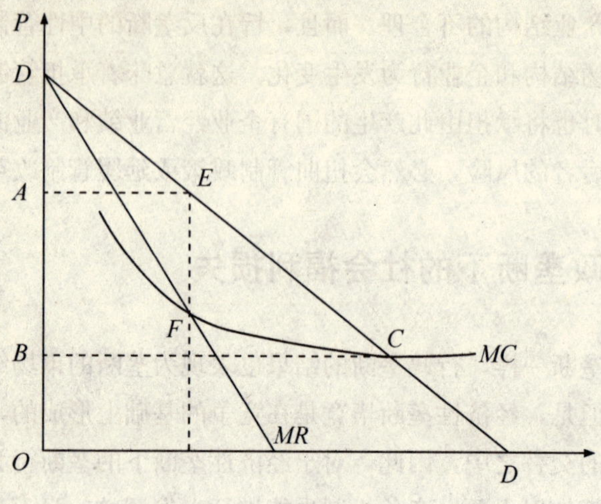

图 6—1　垄断的社会成本

利损失。哈伯格三角形没有考虑到这些寻租成本，低估了垄断带来的社会福利损失[①]。因此，垄断福利损失的正确表示应该是哈伯格三角形加上全部或部分的塔洛克四边形。

国内学者对自然垄断行业中垄断造成的社会福利损失进行定量研究的比较少，可见到的是由过勇和胡鞍钢（2003）、刘志彪和姜付秀（2003）、于良春和丁启军（2007）、马树才和白云飞（2008）所做的相关研究。虽然研究的结果有较大的差距，但是都同时支持一个结论，即我国行政垄断社会福利损失非常大。

过勇和胡鞍钢的研究集中于塔洛克四边形所代表的社会福利损失，即垄断租金部分。他们认为，在我国行政垄断所造成的租金可分为两项：一项是在垄断定价造成的消费者剩余损失；另一项是垄断部门和企业为了弥补或回收自身低效运营的成本和不计成本的投资，而强加给消费者的各项费用（见表6—1）。

① Tullock，G. The Welfare Costs of Tariffs，Monopolies and Theft，Western Economic Journal，5（3），1967，pp. 224—232.

表 6－1　1995～1999 年我国部分垄断行业的垄断定价损失

行　业	年租金额（亿元）	占 GDP 的比例（%）
电力	560～1120	0.75～1.50
交通运输	740～900	1.00～1.20
邮电通信业	215～325	0.29～0.43
民航业	75～100	0.10～0.13

资料来源：过勇、胡鞍钢：《行政垄断、寻租与腐败》，《经济社会体制比较》，2003 年第 2 期。

刘志彪和姜付秀分别按照哈伯格、柯林和缪勒的方法计算了 2001 年我国自然垄断各行业行政垄断的社会福利成本①（见表 6－2）。

表 6－2　2001 年自然垄断各行业行政垄断的福利成本　　单位：亿元

行　业	DWL（哈伯格三角形代表的损失）		垄断租金（塔洛克四边形代表的损失）	
	Har	C&M	Har	C&M
邮电通信及设备制造业	135.15	322.37	432.12	432.55
交通运输业（铁路及民航）	46.27	110.38	147.96	148.11
发电企业	73.01	174.16	233.46	233.69
输电及设备制造	86.01	205.16	275.00	275.28
自来水	8.60	20.52	28.51	27.54

注：①Har、C&M 分别表示哈伯格、柯林和缪勒两种计算方法；②两种方法计算的 DWL 值相差较大，但垄断租金值十分接近。

资料来源：刘志彪、姜付秀：《我国产业行政垄断的制度成本估计》，《江海学刊》，2003 年第 1 期。

---

①　美国经济学家哈伯格用资本的平均报酬率作为正常报酬率的估计值，用会计利润减去正常报酬，得到了垄断厂商的经济利润。公式为 $DWL=1/2r^2\varepsilon P_mQ_m$，其中 r 是销售利润率，ε 是产品的需求价格弹性，P_m，Q_m 分别为垄断定价下的价格与产量。哈伯格假定 $\varepsilon=1$，估计美国制造业部门因垄断造成的净损失占美国国民收入的比例在 0.1%以下。后来许多研究都认为哈伯格垄断的社会福利损失估计值偏低，只能作为最低限估计。美国经济学家柯林和缪勒对美国垄断的福利成本进行了重估，这项研究又被称之为最高限估计。其方法与哈伯格方法的不同表现在估计需求价格弹性的方法、对正常投资报酬的估计方法、利用公司层次的数据、垄断化成本的估计等方面。

另外，按照于良春和丁启军采用的计算方法①，可算出 2004～2008 年我国电信行业垄断造成的社会福利损失为 1603.71 亿元②，年均 320.74 亿元；电力行业管制的社会福利损失为 354.36 亿元③，年均 70.87 亿元（见表 6－3 和表 6－4）。

表 6－3　2004～2008 年我国电信行业管制的社会福利损失

年份	电信业务总量（亿元）	电信业务收入（亿元）	价格指数
2004	9224.8	5187.6	0.56
2005	11575.3	5799	1
2006	14592.1	6483.8	0.44
2007	18545.4	7280.1	0.39
2008	22439.5	8139.9	0.36

资料来源：《全国通信业发展统计公报》（2005～2009）、《全国电信业统计公报》（2008～2009），工业和信息化部网站。

表 6－4　2004～2008 年我国电力行业管制的社会福利损失

年份	全社会用电量（亿千瓦时）	平均销售电价（元/千瓦时）	销售收入（亿元）
2004	21735	0.473	10280.66

① 于良春、丁启军：《自然垄断产业进入管制的成本收益分析——以中国电信业为例的实证研究》，《中国工业经济》，2007 年第 1 期。

② 计算过程如下：

社会福利损失＝1/2×行业利润率^2×2004～2008 年业务收入总和×弹性
＝1/2×0.189^2×32890.4×2.73＝1603.71

其中行业利润率 0.189 是 2004～2007 年行业平均利润率，根据《中国财政年鉴》（2008）有关数据得到，弹性 2.73 根据表 6－3 中 2007 年和 2008 年的数据计算得到。

③ 计算过程如下：

社会福利损失＝1/2×行业利润率^2×2004～2008 年业务收入总和×弹性
＝1/2×0.056^2×71067.76×3.18＝354.36

其中 0.056 是 2004～2007 年行业平均利润率，根据《中国财政年鉴》（2008）有关数据计算得到。弹性 3.18 根据表 6－4 中 2007 年和 2008 年的数据计算得到。

续表

年份	全社会用电量（亿千瓦时）	平均销售电价（元/千瓦时）	销售收入（亿元）
2005	24220	0.499	12085.78
2006	28248	0.499	14095.75
2007	32458	0.514	16683.41
2008	34268	0.523	17922.16

注：自 2005 年 5 月 1 日开始，全国平均销售电价上调了 2.52 分，2004 年电价根据 2006 年电价与上调差价倒算得出。

资料来源：《2003 年电力可靠指标发布会》，中国电力企业联合会网站；《2004 年电力供需情况和 2005 年形势报告会》、《电力监管报告》（2006～2008），国家电监会网站。

根据塔洛克的研究，垄断租金最终将被耗散而成为社会福利的净损失。在我国这种耗散主要表现为，一是承担垄断行业企业低效率经营的巨大成本。刘树杰的研究证实了这一点，我国垄断行业生产率的增长率要大大低于全国水平。1985～1996 年，我国电力行业和铁路行业的劳动生产率增长速度约为全国平均水平的 3/5 和 1/5[①]。本书第五章图 5—5 的有关数据显示，这一状况在当前仍然未发生变化。二是为垄断行业企业职工的高收入和福利提供来源。垄断行业的职工平均工资水平要远远高于全国职工平均工资水平。自 1980 年以来，自然垄断各行业职工的平均工资就要高于全国平均工资水平，且超过的程度逐年增大。1980 年，电力、燃气及水供应与交通运输、邮电通信业、航空业、铁路业的职工年平均工资比全国年平均工资水平仅分别高出 263 元和 70 元，1995 年高出的数额则分别为 2343 元和 1448 元，到 2000 年高出额更是分别增加到 4018 元和 3622 元[②]。三是为垄断行业政府主管部门的非正式支出提供来源，包括这些部门办公支出、职工福利、基础设施建设、国内外旅游和考察等非正式预算等。

① 刘树杰：《垄断性产业价格改革》，中国计划出版社 1999 年版，第 7 页。

② 根据《中国统计年鉴》(2003)，中国统计年鉴出版社，第 154 页有关数据计算得出。

第二节 我国自然垄断管制改革的制度经济学分析

一、制度变迁与利益冲突

在制度经济学中，一项制度的变迁可以分为诱致性变迁和强制性变迁。诱致性变迁是由个人或自愿性组织为响应获利机会而自发倡导、组织和实现的，是对现行制度的变更、替代或新制度安排的创造。由于诱致性变迁中往往存在制度创新外部效应，以及“搭便车”的问题，使得个人或自愿性组织这些初级行动团体创新的动力可能不足，从而就需要一个强制力量来推行制度变革，这就是强制性制度变迁。强制性制度变迁一般是由国家强制力或政府命令推动和实现的，可以理解为政府主导型的变迁方式。

我国自然垄断领域内的改革是典型的强制性变迁①。计划体制的弊端深深根植于自然垄断行业，虽然自然垄断领域的改革将给市场主体带来明显的收益，但是，现阶段我国市场体系尚未能充分发育，市场秩序也不够规范，相对于自然垄断领域中的计划和行政权力的势力，市场主体的力量还比较薄弱，市场主体的预期成本很高，诱致性变迁难以发生。从 20 世纪 80 年代初至今，自然垄断行业先后经历了利润再分配，政企分离、拆分垄断企业，扶植竞争对手，定价市场化等一系列改革，所有改革的实施都是由政府倡导并推动的。

与诱致性变迁一样，强制性变迁也是由外部利润所导致的，即制度变迁主体的预期收益大于预期成本。不过，诱致性变迁主体集合的形成主要依据共同利益和经济原则，而政府主导型的强制性变迁主体则要受到许多不同利益因素

① 在实际当中这两种变迁是很难完全分开的，两种变迁既可共生，又可相互转化。比如，强制性变迁发展到一定阶段后，就可能发生诱致性变迁。我国自然垄断行业的改革越来越引起社会公众的重视，打破垄断的呼声渐高，这对改革的推进确实起到了一定作用。但是这种诱致性变迁的作用十分有限。

与利益集团的制约，具有深刻的利益冲突的性质。制度变迁过程是一个非帕累托改进的过程，具有利益再分配的性质，一部分人的利益的增加要以另一部分人的利益损失为代价，很难达到布坎南所谓的“一致同意”。参与制度变迁的每个利益集团都要求成本分摊的最小化和收益分享的最大化，由于各利益集团在制度变迁中所处的地位、所持的态度、对预期收益和成本的估计都不相同，使它们在制度变迁方向控制上会实实在在地体现出差别。

二、我国既得利益主体的多元化

市场经济中的微观经济主体包括企业、居民、非营利性机构等，其中企业和居民是最基本的行为主体。独立、自由和平等是市场经济下的微观经济主体所必须具备的基本特征之一。计划经济时期，企业和个人只是国家的附属物，经济活动以及生活事务都受到国家的严格控制，在计划经济之下无所谓具有独立经济利益的市场主体。我国市场化改革正是从塑造微观经济主体开始的，重塑微观经济主体的过程也就是政府向市场分权的过程。

企业是现代市场经济中最重要的微观经济主体，企业是否具有独立自主性以及独立自主性的大小，直接关系到整个市场化进程的速度和质量。我国在传统的计划经济时期形成的是全民所有制企业和集体所有制企业“一统天下”的格局，其他所有制的企业基本上不存在。对全民所有制企业，国家采取的是固定资产投资集中统一管理，主要生产资料计划调拨、统一分配，生产经营严格遵守国家计划的政策。20 世纪 70 年代末 80 年代初开始，我国对国营企业实行了“放权让利”的改革，通过重新调整政府与国营企业在生产经营过程中的权力结构赋予了企业一定的自主权，为我国在传统体制下形成的国营企业向符合市场经济体制要求的微观行为主体转变提供了最基本的条件。20 世纪 80 年代末的“承包经营责任制”是前一阶段“放权让利”改革的继续和深化，强化了市场竞争规则对企业行为的约束力，同时也减少了经常性、非规范性的政府行政干预，使国营企业的独立自主性进一步增强。90 年代现代企业制度的建立则标志着我国的国有企业改革又步入一个新的阶段，即从过去简单的“放权让利”阶段过渡到为实现政府与国有企业关系规范化的制度创新阶段。总之，随着国有企业改革的深化，原先是作为政府行政附属物的国营企业已转变为适应市场经济体制要求的微观行为主体。需要指出的是，尽管政企分开的改革已经进行了多年，但直到今天，许多名义上与政府脱钩的国有企业却仍然与原来的主管部门保持着紧密的联系，主管部门甚至仍然直接从事企业经营活动，这一方面反映出政企没有实现真正的分开；另一方面也说明在政府“放权让利”的改革过程中，主管部门与企业一道获得了相对独立的利益，成为我国转轨时期政企分开不彻底导致的特殊经济利益主体。

随着分权化改革的推进，个人在社会经济生活中的地位也在发生变化。在计划经济这样一种“身份制经济”中，个人所在的“单位”决定了他的身份及其与之相对应而享有的权利和义务，这就注定了个人对“单位”的依附而不具备独立自主的“身份”，因而也就无法独立自主地进行各种市场交易活动[①]。在国有企业改革和非公有制企业发展的同时，政府对个人的约束也随着身为企业的“单位”本身的改革而不断放松。而且，由于户籍管理、就业分配制度、金融保险等多方面制度的改革的逐步完善，个人对单位的依附程度也在逐步降低。个人日益获得了独立自主的地位，成为从事市场活动、推动市场化进程的最活跃的一部分。

如果说政府向市场的分权使国有企业和个人成为具有相对独立经济利益的主体，那么，政府内部的分权改革则使得政府内部也呈现出利益多元化的结构。为了调动地方政府发展经济的积极性，改革开放以后通过多次政府间财政体制的变革，中央政府不断加大向地方政府分权的力度，地方政府的利益主体地位和利益机制随之迅速形成并逐步强化。这样，追求和维护本地区利益最大化就成为主导地方政府行为的基本要素；而且，在地方利益受到长期压抑之后才释放的背景下，利益对地方政府行为的支配作用就显得尤为突出。

仅从概念上理解，利益主体和既得利益主体并不能等同。但是，在我国这个特殊的转轨经济环境中，利益主体基本上也是既得利益主体。地方各级政府、国有企业及其主管部门、个人都是分权化改革中产生的利益主体。之所以称其为利益主体，是因为与计划经济下的情形相比，分权化改革使他们的利益

① 蒋先福：《从身份社会向契约社会的转化及社会条件》，《湖南师范大学社会科学学报》，1995年第1期。

相对独立，有了获取市场经济利益的要求；之所以也是既得利益主体，是由于市场化改革得不彻底，使得他们得以继承计划经济行为方式下能够获得的“好处”，这些“好处”随着其利益主体身份的确立而显示出来。从这个意义上来说，分权化改革一方面塑造了多元化的市场经济利益主体，另一方面也形成了多元化的既得利益主体。

三、我国自然垄断行业政府管制改革的博弈分析

在现代社会中，政府政策的制定不再是政府单方面就可以决定的，它还受到来自政策制定者内部不同力量（立法者与执法者、上级政府与下级政府、各个政府部门）、受政策影响的利益主体、政策所处的社会环境等因素的影响。从这个意义上来说，现代社会政府政策的制定以及调整变化就是一个政府内部的力量、受影响的利益主体、政策所处的制度环境相博弈的一个过程。同时，由于政府政策影响社会公众利益，是一项公共产品，政府以外的利益主体必然通过各种途径对政策制定施加有利于自身的影响，因此，政策的制定与实施也是一个博弈的过程。将我国自然垄断行业政府管制改革视作是政府干预政策方式的调整与变化，就可以应用博弈论与公共选择的有关理论分析这一领域的改革进展较慢的原因。

1. 博弈的基本要素

博弈是在各主体的决策行为发生直接的相互作用的条件，各主体进行决策并最终实现相对均衡状态的过程。由于政府经济改革的影响面广，改革方案的制定者、执行者、受政策影响的各方都具有不同的目标与利益并经常发生冲突。因此，经济改革的制定与实施具有明显的博弈特征，博弈的结果主要由参与者行动策略、力量对比、制度环境三个基本要素决定。

（1）参与者目标函数与行政策略

经济政策的博弈通常发生在政策制定者与受政策影响的利益主体之间。经济政策博弈中的各个参与者代表着不同的利益主体，具有不同的目标函数。当政策制定者从一定目标出发制定一项经济政策并实行后，受到政策影响的利益主体就会从自身利益出发，在政策实行前或实行过程中采取相应策略做出理性

的选择。

(2) 参与者力量对比

博弈的结果是由参与者力量的对比状况来决定的。根据公共选择理论，公共选择的活动是当事人从经济人理性出发，以各自的经济利益为目的，在不同的特殊主体之间相互冲突、相互制约的过程。在强制性变迁的公共选择过程中，政府提供新制度安排的能力和意愿是决定改革进展状况的主导因素，而这种能力和意愿则取决于一个社会和既得利益集团结构和力量的对比。

制度供给学派认为，在强制性制度变迁中占有优势地位的政治家和官僚作为理性的经济人，受到短期利益的支配，对制度变迁预期成本和预期收益的权衡会对制度安排的创新起决定性的作用。强制性变迁的方向和进程的快慢可以从统治者受益或受损的程度来做出选择和判断①。

(3) 参与者所处的制度环境

经济政策本身是一种制度，但同时它的制定过程是在社会的整体制度框架下完成的，因此制度环境是影响经济政策形成的一个重要因素。因此，在经济政策形成和实施的过程中，制度是博弈规则。制度通常以立法的正式形式或文化、习惯等非正式的形式确立下来，经济政策博弈必须在既定的制度框架下完成，制度对博弈的所有参与者都具有约束力，参与者在这个框架内进行自我约束和策略选择。不同制度下同一主体对同一事件的策略选择会产生变化，直接导致博弈结果的不同。如果制度安排不合理或效率低，经济政策就很难实现其目标，即使实现了既定目标，其付出的代价也可能很大，因为制度安排是经济政策形成和发生作用的前提。要获得更有效、稳定的博弈均衡，制度变迁和制度创新必不可少。

2. 我国自然垄断管制改革的博弈分析

(1) 参与者各方的目标函数、行政策略、力量对比

尽管我国仍然处于向市场经济转轨的过程中，但是随着市场分权改革深化所造成的利益主体和既得利益多元化格局的形成，各利益主体的分散化决策对改革进程的影响及对比力量的作用越来越不可忽视。作为政府与市场关

① 柳新元:《利益冲突与制度变迁》，武汉大学出版社 2002 年版，第 43 页。

系的调整，我国政府管制改革是由政府主导推动的，在政府内部则是自上而下进行的。在美国和英国，政府管制改革也是由政府主导的。不同的是，美国政府间关系决定了州政府而不是联邦政府是改革的真正主导者，而集权程度更高的英国与我国一样，中央政府是首要的推动者。我国的管制改革中的利益主体可以分为中央政府、原行业各主管部门、地方各级政府、被管制企业、消费者。

自然垄断行业一贯效率低下，严重地损害了社会效率和公平，是我国市场经济改革的坚冰领域，这是全社会取得的共识。作为改革的主导者和首要推动者，中央政府对改革的态度是明确的，即必须通过改革提高效率和公平。尽管大方向是确定的，但改革在具体实施时依然存在很多具体的困难，这些因素使得中央政府在推进打破垄断、引入竞争方面的力度有限。就业就是其中一个重要的约束因素。历史和所有制的原因导致国有企业承担了一部分社会职能，吸纳了过多的就业人员。在没有行政保护的市场竞争中，原垄断国企为了增强竞争力，必然通过减员来增效。作为基础性行业，自然垄断行业涉及的面比较大，人员多。自1995年经济体制转轨改革以来，自然垄断各行业就业人员占国有单位就业总人数的比例不断上升，到2003年已超过10%（见表6－5）。在现有社会保障制度本身问题重重，难以承担起解决当前失业问题之重任的情况下，垄断国企的减员必然进一步恶化失业问题，加大社会不稳定因素。

表6－5　自然垄断各行业国有企业就业人数　　单位：万

年份	电力燃气及水的生产供应业国企就业人数	交通运输和邮政业国企就业人数	电信传输服务业国企就业人数	占国有企业就业总人数的比例（%）
1995	237.3	537	106.5	8.0
1996	250.1	536.2	111.3	8.2
1997	257	433.2	109.1	7.4
1998	242	442.1	108.4	9.0
1999	238.8	428	107.3	9.3

续表

年份	电力燃气及水的生产供应业国企就业人数	交通运输和邮政业国企就业人数	电信传输服务业国企就业人数	占国有企业就业总人数的比例（%）
2000	232.5	414.2	102.8	9.5
2001	228.8	390.6	97.7	9.7
2002	220.1	361.5	94.9	9.8
2003	220.1	449.5	60.4	11.0
2004	214.4	412.5	62.2	10.7
2005	205.7	392.5	56.5	10.5
2006	204.2	381.5	57.4	10.4
2007	202.4	405.2	59.8	10.4
2008	203.1	400.3	59.9	10.3

资料来源：根据《中国统计年鉴》（1996～2009）有关数据计算得到。

而且，根据制度经济学理论，即使存在制度的不均衡，有制度改善的空间，但强制性变迁的主导者可能会屈从于既得利益集团的压力或出于政治上的考虑，而容忍无效率的制度存在或使制度朝着不合理的路径方向发展，使制度的低效供给成为常态，导致所谓的路径依赖。因此，即使不存在以上制约因素，中央政府在推进改革方面的力度也要取决于其他利益集团的倾向。

就各行业主管部门、地方政府和原垄断国有企业这三个利益主体而言，管制改革对它们的负面影响都十分明显。管制改革意味着减少政府的直接干预，主管部门和地方政府的权力因此将受到削弱，从而寻租机会和租金都将大大降低。一旦失去了地区间壁垒和主管部门的行政保护，处于竞争格局之下，原垄断国企收益也必然减少，同时经营压力增大。而这些局面无论是非人格化的国有化企业，还是企业的职工个人都不期望出现的。而且，作为地方政府的重要财源，垄断国企收益的下降将直接减少地方的财政收入，加重地方的失业程度。这一影响在经济落后地区尤其明显。综上，以上三个利益主体的既得利益都因改革受到损害，是改革的主要阻碍者。

消费者和投资者是管制改革的净受益者。竞争将促使价格的下降和促使服务水平的提高，还为民间资本提供了新的投资和盈利机会。但是，相对于政府等权力机构而言，我国的消费者和民间投资者对改革的影响是相当微弱的。

表 6－6 归纳了以上分析的内容。

表 6－6　自然垄断管制改革的博弈要素

（既得）利益主体（参与者）	改革对利益的影响（对目标函数的影响）	倾向和决策（行动策略）	对改革的实际影响	结果
中央政府	长期：增进效率和公平 近期和中期：社会失业可能增加、企业国际竞争力不够、财政收入可能减少	改革决心大，但因现实中面临诸多实施困难，改革中须反复进行利益权衡	主导者，决定性影响	
各行业主管部门	权力和寻租空间减少	尽可能减慢改革进程	实施者，重要影响	进程慢，改革滞后
各级地方政府	寻租空间减少、地方失业增加、地方财政收入减少	尽可能减慢改革进程	实施者，重要影响	
原垄断国有企业	垄断地位和垄断收益消失、职工收入和福利、工作压力加大	尽可能减慢改革进程	实施者，重要影响	
消费者	价格下降、服务质量提高	尽可能加速改革进程	影响有限	
新投资者	新的投资和盈利机会	尽可能加速改革进程	影响有限	

（2）制度环境对博弈结果的影响①

如果说既得利益主体的多元化是行政性分权的结果，那么意在维持既得利益的行政垄断则是凭借行政集权实现的。任何经济体制都是与一定的社会权力

① 张群群：《行政垄断：实质、成因及其对市场建设和服务业发展的影响》，第四届中国宏观经济运行与政策论坛。

结构相对应的。尽管我国30年的市场化改革使社会权力体系朝着分权方向迈进了一大步，但是分权的程度仅仅停留在行政体系的层面，也就是说，分权主要发生在行政体系内部，真正的市场化分权依然没有实现，从市场与行政体系之间的权力配置来看，行政集权依然是当前转轨经济中的权力结构。行政集权是指在政府的行政机构、立法机构和司法机构三者之间，行政部门集中了绝大部分权力，具体表现是行政系统权力独大，立法机构和司法机构权力弱化，行政机构立法活动频繁活跃，甚至可以支配立法机构的运作，各级行政首长还可直接干预司法过程等。行政系统对公共权力的垄断，使立法、司法机构、市场力量无法对行政系统形成有效的监督和制约机制。

作为根植于计划经济体制的权力结构和深层社会关系，行政集权在转轨经济中不断地进行自我增强，使掌有权力的既得利益阶层所有的资本和资产实现最大限度的保值。在现实的表现就是维护市场经济有序运行的法律或者难以适时地制定和颁布实行，或者在制定和通过之后难以得到有效实施，从而使自然垄断管制背离公共利益目标，甚至是直接服务于特殊利益集团。

经济的转轨在打破旧有获利机制的同时，也产生了新的市场机会，比如说市场的扩大，居民消费水平的提高，技术的发展和收入水平提高所带来的需求的多样化，这些市场机会不但是针对民间资本而言的，它同样也会为原来拥有特权和资源的群体带来好处，这些群体必然通过各种手段来争取新的机会，并保障新体制下的获利。与我国一样，苏联也实行了经济转轨。不同的是，在苏联经济转轨的过程中，对于原来掌有权力的既得利益集团而言，它们新的获利机会是全面的休克式的私有化带来的。但是，由于苏联的转轨是以突变的方式完成的，原有的社会权力体系和结构在短期内全部被打破，因此，既得利益集团很难再通过直接的法律或行政手段来攫取新的利益。事实表明，俄罗斯的金融寡头是通过资助政坛上的反对派影响政府立法活动来保障自身的利益，并在私有化过程中攫取了巨额财产。与苏联转轨过程中既得利益团体采取的手段不同，我国的转轨之道是渐进主义的，权力结构至今没有发生本质的变化，这样，既得利益集团就可以通过直接掌控和参与涉及垄断行业改革的相关法律的制定过程来保障自己的获利。在行政集权制下，行业主管部门通过行政立法，来确认垄断地位的合法性和保障垄断利益的做法，就是最典型的例证。

总之，只要行政集权体制不发生根本性的改变，旨在维护既得利益集团利益的行政垄断就有存在的土壤，行政权力不合理的再分配机制就会继续深入社会经济生活的方方面面，阻碍竞争和市场机制的形成。

第三节　启　示

上文的分析表明，我国自然垄断行业政府管制改革滞后于发达国家既是“合理”的，也存在很大的“不合理性”。我国管制改革是在转轨时期进行的，而发达国家的改革是在市场经济比较成熟的体制基础上展开的。转轨经济阶段中存在的一些现实制约因素导致了中西改革进程的差异，这些制约因素主要体现为作为改革推动者和主导者的政府在推进改革时所面临的种种顾虑，主要包括国有企业改革产生的失业问题、经济对外开放所带来的国际竞争、财税利益的损失等。如果说以上是中西改革进程差异的“合理性”所在，那么“不合理性”则是建立在行政集权制之上的以维护既得利益为目的的行政垄断，它是包括我国自然垄断行业政府管制改革在内的市场化改革痼疾。

推进改革必须区分对待“合理”与“不合理”因素。对于“合理”因素，像破除垄断造成的短期失业问题是改革中不可避免的问题。管制改革的顺利推进要求这类问题必须得到解决，当然这又有赖于其他方面改革的进展，例如社会保障制度的日趋完善、财税体制的逐步健全等。这说明我国自然垄断行业政府管制改革的进程落后于发达国家是必然的。虽然上述问题及其解决之道本身都已经超出管制改革的范畴，但是给出的重要启示是，在推进和深化管制改革的过程中，必须考虑到这些“合理”的制约因素，而不是盲目照搬发达国家的经验。

根除“行政垄断”这一不合理的因素，是下一步管制改革的重点。而要打破行政集权和行政垄断，最有效也是必需的途径是建立起“法治”的政府。钱颖一指出，现代市场经济是以独立自主的企业为主体的自由交易经济，但它是不能自我维持的。法治是保障市场体制有效运作的基础和必要条件。法治对于经济发展和经济效率的作用体现为两方面：一是约束政府，即约束政府对经济活动的任意干预；二是约束经济人的行为，目的在于促进公平竞争。第一个作用意味着放松计划型管制，第二个作用则意味着增强市场型管制。我国经济改革的总体目标是建立市场经济体制，但是市场经济体制存在"好坏"之分。在"坏"的市场经济中，政府与经济人的关系定位不对，根源在于缺乏有效的法治。"坏"的市场经济，一是源于政府行政权力未受到法律的约束而由此产生一系列窒息经济活力的问题，二是源于政府没有能够称职地行使其约束经济人的职责①。钱颖一的这一观点虽然是就我国市场经济的总体改革而言的，但也反映出我国自然垄断行业管制改革这一局部改革的症结。一方面是不受约束的行政垄断和计划型管制对竞争的阻碍，另一方面是缺乏市场型管制对公平竞争的保护。这样，强调法治是深化自然垄断管制改革的关键，与以上两方面相对应，深化我国自然垄断行业政府管制改革，一是要破除行政集权和约束政府权力，当然这不是仅靠管制改革这一局部改革就能做到的，在根本上还有赖于我国民主政治制度的完善；二是要建立相对清晰的市场型管制制度框架，并且加快对管制立法、执法、监督的改革。

① 钱颖一：《市场与法治》，《经济社会体制比较》，2000 年第 3 期。

第七章　我国自然垄断行业政府管制制度的完善

第一节　我国自然垄断行业政府管制改革的总体目标

任何经济改革的目标不外乎效率和公平。

从效率方面看，管制改革既要提高社会资源的配置效率，也要在保证企业财务平衡的基础上，促进企业效率的提高。一是提高社会资源配置效率。这是政府管制与生俱来的任务，也是政府管制改革需要继续坚持的目标。在自然垄断性仍然较强的领域，拥有网络的垄断或寡头垄断厂商可能会设置市场进入壁垒，阻碍网络间的互联互通，或者通过合谋维持垄断高价，从而损害资源配置效率。因此，必须利用价格管制、网络接入管制对垄断或寡头垄断型运营商阻碍竞争的行为加以抑制，以实现资源的有效配置。对于可以引入竞争的领域，通过开放市场，引入多个竞争者，打破原有的垄断格局。二是提高垄断厂商的生产效率。企业生产效率的实现以财务平衡为条件。由于垄断或寡头垄断型运营商的资本结构具有资金密集性和沉淀性，在引入竞争的条件下，如果缺乏合理定价，难以保证其固定资本的稳定回收，势必造成企业经营亏损，投资激励下降，基础设施的可持续发展便难以为继。在保证企业财务平衡的基础上，为了克服由于缺乏竞争压力而导致的生产效率低下，需要在信息不对称的约束下，引入具有激励性的管制政策，促进企业提高生产效率。

促进收入分配的公平，维护消费者利益同样既是政府管制的传统任务，也是我国政府管制改革的现实目标。除了垄断定价侵蚀消费者剩余外，垄断或寡头垄断厂商还会通过交叉补贴等不合理的收入分配机制，使消费者利益遭受损失。因此，通过价格管制和普遍服务筹资机制的创新，尽可能纠正企业与消费者之间及消费者之间的收入再分配机制的扭曲，使无论处于哪个收入阶层的消费者都能够以可承受的价格，公平地享受基本可得的服务。

第二节　深化管制改革的主要内容

计划经济下我国政府对于包括自然垄断行业在内的所有领域实行了严格的“管制”，之所以也称其为“管制”，是因为仅从表面上来看，这种“管制”与发达国家改革以前的严格管制具有很大相似性。但是，表面的相似并不能掩盖实质的差异。发达国家的严格管制是出于纠正市场失灵，提高社会福利的目的而实施的，或者是产业为了自身的垄断利益而主动寻求的。而我国计划经济下的这种管制本身是计划经济体制的一个组成部分。

20 世纪 80 年代以来，从放松市场进入和改革投融资体制开始，政府逐步实施了以放松计划性严格“管制”为主的改革，从一定意义上来说，从严格的计划“管制”到“管制”放松也存在着像发达国家一样的政府管制与市场之间的替代关系，但这一改革中市场体制的引入和对计划体制缺陷的克服是相伴随的[①]，直到今日，真正的市场型政府管制制度也还没有建立起来。因此，我国管制改革的深化是与管制制度的构建融为一体的。建立市场型管制制度的任务主要包括由谁管制（管制者）、管制什么（主要是进入与价格管制）、管制谁（被管制企业）、谁来管制“管制者”（反垄断政策）、如何实现普遍服务这几方

① 黄少安：《四元主体联合创新中国铁路体制——以广东省三茂铁路公司的创建和发展为例分析中国铁路管制的放松》，载于张曙光主编：《中国制度变迁的案例研究》（第二集），中国财政经济出版社 1999 年版，第 18～48 页。

面制度的完善。

一、被管制企业的产权改革

国有产权存在着无法弥补的先天缺陷，在以国有企业为主体的市场结构下，即便竞争性的市场格局形成，也并不一定诱导企业产出效率。因此，产权改革是管制改革的题中之义。

就具体行业而言，针对电信、航空等市场化程度较高，国内竞争局面已初步形成的产业，产权改革的重点就是要促使各厂商股权多元化，通过吸纳社会资源和公众化运作推动其参与国际竞争，实现长远发展。针对电力这样市场化进程刚刚开始的产业，则应加速其股份制改造，在国有资本占据主导地位的前提下引进部分民营或境外资本，通过产权主体多元化来打破行政垄断，提高市场的可竞争程度。对于铁路、城市公用事业等完全垄断行业则要加紧实现政企分离，通过将经营性资产划拨独立的国有资产管理机构，并与行业主管部门脱钩来完善其国有独资的法人治理结构，并借助特许权投标等方式引入经营权竞争，待其适应市场运作后，产权再向境内外非国有资本开放。

当然，产权改革应该逐步推进。自然垄断行业关系国计民生，改革涉及面广，牵一发而动全身。过快的民营化可能会造成社会不稳定。即使是在法国这样的市场经济国家，在对法国电信、法国电力等大型国有垄断企业进行私有化改革时也是多方权衡，并时有反复。而到目前为止，我国相关产业的市场竞争格局和市场定价机制都尚未最终形成，各项法规也不健全，激进的产权改革不仅风险大而且难以操作。

二、进入管制改革

（一）竞争的直接引入

开放市场、重构市场结构的主要途径是打破垄断的纵向一体化的结构，在非自然垄断环节鼓励多种成分的企业进入。

打破垄断的纵向一体化结构主要可以通过以下三种途径，即纵向分拆、横向分拆或两者相结合。所谓纵向分拆，就是把基础设施服务按服务流程纵向分解为几个相对独立的部分。这种措施已经应用于我国自然垄断行业的改革中。例如，复合循环式汽轮发电机的普遍采用使发电业务变得具有竞争性。目前，我国发电领域已实行公私多家经营，竞争上网；自然垄断性较强的输电和配电则还处于垄断经营之下。供气供水与电力行业具有相似的技术特征，因而这两个区域性自然垄断行业的改革可以模仿电力行业。气源和自来水生产可实行竞争经营，管道是网络业务，实行垄断经营。同样，在铁路运输业中，铁道路网管理与客货运业务，也可考虑彼此分离，前者垄断经营，后者竞争性经营。横向分拆即按市场将原垄断厂商分解成几个规模和业务范围相似的厂商。目前，电信、电力两个行业都已经实施了横向分拆，2001 年中国电信被横向分拆为中国电信和中国网通，两家企业在全国范围内进行竞争。2003 年全国输电网公司被拆成七大区域网公司。

但是，自然垄断行业毕竟是一种较为特殊的行业，具有规模经济、范围经济、沉淀资本大的经济技术特点，因此总的原则应该是使拆分后的格局成为规模经济与竞争活力相兼容的有效格局，即有效竞争的格局①。在拆分带来的规模经济、范围经济的损失与打破垄断，促进公平竞争之间找到一个均衡点。是否拆分，以及拆分的程度如何都要依据具体的行业特点和技术水平来把握。横向分拆中最关键的问题是是否应该拆分基础网络。是否拆分取决于基础网络垄断的范围大小。

对于市话网而言，由于技术的发展改变了规模效益的市场范围，从而电信业的拆分也不一定导致规模效益的减少。高速的技术创新和进步大大减少基础网络投资的成本，市场需求的飞速成长也使得基础网络投资期明显缩短，从而电信基础网的自然垄断特性已经发生了变化，“一国一网”不再具有技术效率方面的现实优势。

对于输电网这样的全国性垄断网络，是应该进行拆分的。在基础网络全国

① 关于有效竞争问题的产生、实现、衡量标准可参见 Clark，J. M.，Toward a Concept of Workable Competition，American Economic Review，30（20），1940，pp. 241－256；Stephen H. Sosnick，A Critique of Concept of Workable Competition，Quarterly Journal of Economics，72（3），1958，pp. 380－423.

性垄断的情况下，企图依靠管制和反垄断政策来保证公平竞争相当困难，何况我国目前管制政策都还处于建立的过程中，反垄断政策出台不久，不仅自身不完善，而且与管制政策的配合也需要磨合，因而效果更是十分有限。两害相权取其轻。尽管分拆成几家之后，可能在一定程度上会因为市场范围缩小减少规模经济效益，但是与独家垄断所产生的各种弊端相比要小得多①。

对于市政公用事业产品的输送网络而言，则不适合于横向分拆。因为这些行业都是在市县一级地区垄断的，垄断范围小得多，实施管制也相对容易。而且，在地区有限的市场需求之下，分拆后规模效益的损失是十分明显的。

铁路业比较特殊，理论上可以将全国铁路网按地区分解，由不同路局经营。但是，分拆会带来网间结算、公平接入、业务结算等一系列技术和制度性较强的问题，处理不好影响铁路改革的安全性。

（二）竞争的间接引入

由于基础设施产业各行业的特性存在差异，各行业在引入竞争和结构重组的过程中，必须根据自身的特点在上述各种方案中做出合理选择。一般而言，基础网络具有较强的自然垄断性，仍然需要严格管制，难以直接引入竞争，不过却可以通过鼓励替代性竞争、特许权竞争、区域间比较竞争等间接竞争机制绕开技术因素造成的障碍，从而使竞争机制发挥作用。

替代性竞争是指效用相近的产品或服务的提供者为争夺市场份额而展开的竞争。替代性竞争在基础设施领域同样存在，尤以交通运输最为明显。与同种产品生产者的竞争一样，替代性竞争也能产生巨大的外在压力，迫使企业改善经营业绩。以我国的铁路业为例，在中短途运输业务上，它要与公路运输争夺客源和货源；在长途运输业务上，它要同民航争夺客源和货源，而无论铁路还是航空，又都要同水路运输竞争。改革开放以来，特别是进入 20 世纪 90 年代，由于公路和民航经营体制的改革和服务水平的提高，我国铁路面临公路和

---

① 这里的基础网是指市话网，参见周其仁：《数网竞争》，三联书店 2001 年版，第 28 页。对于基于市话网的市话业务即“最后一公里业务”是否存在较强的自然垄断性，一般认为，随着数网并存技术的发展，一旦有线电视利用有线电视网经营市话业务，或者将来宽带光纤网进入每个家庭，市话业务将失去自然垄断性。

民航的竞争压力与日俱增。在替代性竞争的压力下，铁路运输业无论在收费水平还是服务方面都有了改善。鼓励替代性竞争，就应该消除对“替代服务”的限制，将各类交通手段之间方便地连接起来，从而有效地消除或减轻“独家”垄断的弊端。

目前在我国市政公用事业中还没有普遍开展特许权的竞争。永久性或准永久性的特许经营难以形成促进企业提高经营效率和服务水平的压力。因此，大量引入经营权竞争是十分必要的。我国各地公用事业生产经营成本和价格存在着较大的差异。虽然造成差异的原因比较复杂，包括地区要素资源、人力资源的差价等，但是不可比因素的存在并不能完全排除效率方面的差异对价格造成的影响。这说明，有些地区公用事业企业生产和经营效率的提高还是大有潜力的。通过特许经营权竞争机制，不但间接地打破原有供给区域内的垄断，而且可使供给范围突破行政区划的限制，允许企业跨区域提供产品和服务，不同区域的传输网络可以互联和开放使用，起到促进直接竞争的作用。

另一种适合在城市公用事业中引入的间接竞争机制就是区域间比较竞争机制，这一机制曾成功应用于英国的自来水行业管制改革。通过比较不同地区企业绩效的差异来促进企业提高效率，用于评价的指标一般有单位成本、投资成本、资本利润率、服务质量等。但这种机制在运用时存在与特许投标相同的问题，各地区的自然资源状况、某些成本、税收在价格中的比重等方面的差异都会影响到产品或服务的最终价格，运用指标进行评价时应该剔除或调整这些不具可比性的因素。

三、价格管制的改革

传统的价格管制对象是提供多种产品和服务的纵向一体化垄断性厂商。通过纵横向拆分和市场进入的放松，使原来潜在竞争性的服务市场逐步显性化为竞争性的或垄断竞争性的市场，只有在少数的难以消除自然垄断性质的环节，还将继续长期维持垄断或寡头垄断的市场结构，在这些环节中，价格管制仍然是必要的。当然，即使是在某些垄断竞争性的直接面向一般消费者的领域，从维护公共利益的角度出发，价格管制也不可完全摒弃。

在我国，价格水平和价格结构两方面都需要改革。就价格水平而言，主要是是否需要引入价格上限机制以及如何应用的问题；就价格结构而言，许多有效的价格结构定价方法，如二部定价、累进式差别定价、高峰负荷定价已经被大量地应用于电力、城市供水、供气这样一些行业。下一步的任务，一方面，要继续扩大这些方法的应用范围；另一方面，也是更为重要的，是需要解决这些方法在具体应用中的一些问题，如细化消费者类别、调整基本价与从量价之间的比价关系。由于价格结构的改革与具体行业的特点密切相关，难以一概而论，本书将在第八章以电力行业为例来论述价格结构定价改革。在此则主要讨论价格水平管制的改革。

（一）中短期内价格水平管制仍应以成本加成机制为主

近年来，在我国自然垄断行业引入价格上限机制这一呼声渐高。但是，我国近期内缺乏适合引入价格上限机制的制度环境，因而这一具有高强度激励作用的定价机制在近期内不宜大范围被采用。

1. 近期内不具备发挥价格上限激励作用的制度环境

第一，管制信息不对称程度较高。尽管与成本加成管制相比，价格上限管制能在一定程度上克服信息不对称，但由于价格上限管制公式中的生产率增长率（*X* 因子）和价格上限水平是依据对成本信息的判断，因此，价格上限管制的激励效果仍将受到信息不对称程度的影响。管制机构能否对企业的成本信息做出比较准确的判断，取决于两个因素，一是管制机构是否有能力做出较为正确的判断？二是在有能力的条件下，管制机构会不会真实地披露有关成本信息？

从第一个因素来看，主要取决于管制机构的审计水平和审计环境。我国现有的会计和审计制度还不完善，缺乏审计的专业知识和发达的信息网络等，这些都影响到管制机构获取的有关成本信息的真实度与可信度。从第二个因素来看，如果出现管制俘虏，管制机构将会偏袒被管制企业。我国的管制机构要么是从原来的行业主管部门转化而来的，要么在高管人员任免方面与行业主管部门、被管制企业之间存在密切联系，管制俘虏容易发生。目前我国政府管制的目标并不完全符合理论上的公共利益说，而是在实现管制机构与其下属企业结成的政企同盟最大化自身利益的前提下，去实现消费者利益的最大化[①]。

第二，管制承诺的可信度低。在制度经济学中，承诺问题指的是政府当前采取的政策是否会让投资者相信以后的政策不会使他们的投资预期收益低于在竞争市场上可取得的收益即机会成本，也就是信息经济学中的激励机制问题。价格管制可以视为管制机构与被管制企业所订立的定价合同。在价格上限中，合同中所约定的价格调整周期、生产率增长率（*X* 因子）等都可以视为管制机构做出的承诺。承诺的可信性直接影响到价格上限管制的激励效果。如果承诺得不到兑现，会导致棘轮效应，产生负激励。在合同期内，如果管制机构知道企业成本有所降低，为了能够进一步提高企业的效率，在合同期限结束之前修改合同，调整价格上限，造成企业只是形式上的节约成本的剩余所有者，并不能真正获得由于努力降低成本而带来的全部预期收益，就会抑制企业继续降低成本的动力。所以，实施价格上限这样高激励强度的定价机制，一定要考虑政府承诺的可信性。

在发达国家，由于有成熟的诚信体系和制约机制，政府承诺的可信度比较高。而在我国现实的状况是经济快速发展要求政策具有较大灵活性，市场型管制制度没有建立起来，管制的法治程度低，再加上各种人为因素，政策具有很大的不确定性，缺乏稳定的承诺，在这种条件下急于引入价格上限管制可能适得其反。

第三，质量降低的风险大。实施价格上限这一高强度的激励性管制方法会产生产品或服务质量下降的问题。英国电信行业实行价格上限管制之初，电信服务质量急剧下降，为此管制机构专门增加了质量标准和质量检验机制。但是，产品或服务的质量指标是多维的，要进行精准的测量几乎不可能。何况当前我国社会性管制和质量监督水平整体不高，社会公共危机事件发生较多，所以对价格上限管制的引入更应慎重。

2. 完善成本加成机制的重点

当前的制度环境特征决定了近期内不具备在公用事业引入价格上限管制的条件，成本加成机制仍应作为主要的价格管制方法，但是必须对其进行改革。

---

① 鲁再平、许正中：《中国政府规制目标及其效率分析》，《江汉论坛》，2003 年第 5 期。

完善成本加成机制，重点是通过科学的方法和透明的程序制度来降低企业高报成本的程度，并减少管制俘虏的可能性。

成本加成定价机制的重点要包括成本审计、成本预测和资本回报率的确定。成本审计的重点是剔除可能发生的投资和运营费用的虚报和过度支出。对于虚报，可采用一般的查账程序予以核实和剔除，过度支出主要发生在与报酬和消费有关的项目上。成本预测应该考虑生产要素价格等成本变动的合理因素。资本回报率的确定可以参考银行同期贷款利率与风险相近的行业的数据。

定价的具体步骤应包括评估、论证、确认和公布执行等。在管制机构收集和查实有关成本，对资本回报率进行评估后，再由专家和各个相关利益集团对评估结果和定价或调价方案以听证会的形式进行评议，在充分论证的基础上由管制机构确认后公布执行。

建立调价机制，管制机构应制定调价的条件，如原材料价格水平、政策变动、宏观调控需要等情形。根据财政、企业财务、居民的承受能力确定成本上升负担机制。调价程序既可由管制机构启动，也可由行业主管部门或企业来申请，步骤类似定价。

（二）条件成熟时引入价格上限管制

与成本加成管制相比，价格上限管制的优点毕竟是明显的，因此，在我国的制度条件趋于成熟时，应选择恰当时机引入价格上限管制。当然，也可以考虑在改革力度较大的行业中进行试点。一种值得借鉴的办法是借鉴美国的经验，由管制机构提供成本加成和价格上限管制组成的“价格管制菜单”，由企业自行选择管制方法。这种提供菜单的做法具有自动识别企业效率的机制，结果低效率的企业会选择成本加成管制，高效率的企业将选择价格上限管制①。在引入价格上限管制方法时，需要注意以下两个关键问题。

一是价格上限管制的范围。在发达国家，价格上限管制的关键问题是网络接入定价，即拥有网络的企业对作为其竞争者的网络使用企业的收费水平，它是关系到竞争机制在公用事业能否有效地发挥作用的关键因素。国际上通行的

① 这是信息经济学中的 Spence’s job-market signaling model 模型的应用。

接入定价方法有两种，既可将接入作为一个单独的环节来定价，也可将接入服务纳入价格上限的范围，将接入服务与最终服务同等看待，两种服务受同一个价格上限的控制。后一种做法的优点在于能够使基础网络运营商获取一定利润，并促进其提高效率。

二是管制的间隔期。管制的间隔期是指两次价格上限调整之间的时间间隔。期限过短，会影响到企业的投资激励；期限过长，又可能减少消费者剩余。长期以来，我国公用事业企业的低效率与垄断定价，已经使消费者承受了过多的企业成本负担。因此，在引入价格管制的初期，管制间隔不宜定得太长，可以考虑 2～3 年，待企业生产效率有明显改善后再考虑。当然，各个行业的管制间隔期应该根据行业技术进步的速度而有所差别。

四、管制机构模式的选择

发达国家独立管制机构的实践对急需构建行业管制机构的我国具有很大的借鉴意义。不过，在当前我国法制不完善、权力缺乏制衡、寻租比较严重、管制专业技能严重不足的情况下，建立了独立管制机构是否能发挥其应有的作用，还需结合我国国内当前的制度环境来分析。

首先是独立管制的基本条件。设立独立管制机构的前提条件之一是法律基础。只有通过法律授权，独立管制机构才能真正独立于行政部门，才能获得必要的权力和资源。我国目前还没有相关的法律。条件之二是建立必要的监督和制衡机制。管制机构独立于政府后，如果没有强大的监督和制衡机制，不仅不能解决“管制俘虏”问题，还可能成为腐败的温床。在当前的条件下，立法机构尚缺乏对专业管制机构进行监督的经验和能力。相比之下，政府有关政策部门的专业知识更为丰富。

其次是我国产业发展的条件和环境。在我国加入世界贸易组织之后，产业对外开放程度大大提高。由于我国企业实力与国外跨国公司存在较大差距，完全独立的管制可能会使政府失去保护国内产业免受过分冲击的手段，却有利于外资在我国形成新的市场垄断，特别是在反垄断制度还不成熟的背景下。在某些行业，政府部门可能还要利用带有一定倾向性的“合法”行政手段为国内企

业创造发展的机会。

总之，考虑到我国的具体情况，短期内不具备在自然垄断行业建立独立管制模式的条件。但是，发达国家的独立管制体系中有许多内容仍然值得学习和借鉴，可以考虑以下折中方案，以后视条件成熟逐步过渡到独立管制。

近期内仍然坚持在现行的行政框架内建立相对独立的管制机构的做法①。在中央一级，管制机构仍隶属于国务院，但同时实现产业政策、管制职能的相对分离。这种折中的做法是符合我国政治法律体制的特点的，同时也有利于行政部门进行产业协调，是在既定框架下的一种变通。同时，赋予管制机构必要的权力和资源，与其职责相一致的权力和资源是管制机构实行独立管制的基本条件。

除了管制机构的独立性以外，还应注意产业升级导致的管制机构的融合问题。技术进步使得关联产业间的进入壁垒不再明显，建立统一的管制机构实行综合管制是某些行业市场开放后的新趋势。例如，美国联邦通信委员会近年来已由单一电信管制扩展至互联网宽带传输、产业竞争政策、无线频谱分配和媒体产权规制四个方面的管制②。英国的电信办公室已由新的通信委员会取代，这个委员会集中了电信、广播、电视、无线电等九个部门的管制职能。

五、完善公众参与管制决策程序的制度设计

建立公开透明的决策程序，完善听证会制度。如听证代表的选择、投票的程序等机制、公开公布决策结果以及详细的理由，并为不服者提供申诉的渠道。

具体来说，第一，完善代表产生机制。听证代表的产生机制关系到保证听证代表能否独立自主地表达其代表的利益群体的诉求。听证代表选择机制的健

① 这种模式接近于日本的做法，管制职能是由政府内阁各部来承担的。但是，日本的管制实践说明这种类型的管制机构虽然具有便于协调的优点，但是缺乏监督维护力度，从而没有能够起到管制机构应有的作用。参见于良春等：《自然垄断与政府管制——基本理论与政策分析》，经济科学出版社2003年版，第62页。

② 吕志勇、陈宏民：《我国自然垄断产业市场化改革的几个关键问题研究》，《中国工业经济》，2003年第8期。

全主要包括两个方面的问题，一是完善选择方式与选择标准，二是加强消费者等利益群体参加管制决策的激励机制。在选择方式上，可以在现行的指定、推荐、自荐的基础上，引入备选池的做法。由管制机构对有意愿担当听证会代表的报名者，按照所持意见的立场进行排队和资格审查，形成备选代表池，听证代表从备选池中随机产生。

第二，建立相应的激励约束机制，促使公众利益能通过听证程序相对真实充分地表达出来。消费者利益的分散化与“搭便车”行为的存在使得消费者利益难以真实地反映出来，消费者参与政策制定的实际效果可能大打折扣。消费者人数众多，利益偏好差异较大，许多消费个体的利益被代表或被表达的充分度有限，甚至有的根本就未表达出来。此时，集体行动的人数优势被分散化的利益偏好抵消了。而且，集体行动中的“搭便车”使得许多消费者主动参与管制政策的制定过程的动力不足。在 2002 年国家计委召开春季铁路客运价格听证会之前，铁路部门主动提供了长达数百页的各种数据、资料来说明提价的必要性，并且在此之前早就进行了充分的准备工作。相比之下，尽管消费者人数众多，但就整体而言，主动参与管制政策制定过程的动机不足，准备也不充分。

在制度设计上，一方面，要保证听证会代表拥有便利的信息获得渠道，降低其代理成本；另一方面，应进行一定的成本补偿，给予其必要的经费保障和报酬，激励代理民意这种公共产品能够更多地被提供出来。另外，鼓励行业协会壮大，使更多有意愿且有能力的社会团体成为公众参与政府决策的代理人。

第三，建立强制信息披露机制。从理论上来说，价格听证过程中信息完全对称是不可能实现的，但通过合理配置听证组织过程中各方主体的信息披露权利和义务，强调申请人、经营者及其主管部门的义务，赋予听证代表，尤其是消费者代表更多的权利，可以扭转双方信息不对称的局面。建立强制信息披露机制，要求被管制企业公布信息，要求其及时向听证代表及社会提供真实全面的信息。

第四，完善申诉程序。完整的听证制度包含着申诉程序。指在听证结果做出后，听证代表或相关利益群体及其成员对听证结果或最终定价结果不服可以通过行政复议或行政诉讼等方式救济自己的权益。

六、普遍服务融资机制改革

（一）交叉补贴机制的不可维持性

交叉补贴是解决普遍服务问题的传统机制。交叉补贴是指纵向一体化的厂商用价格需求弹性较高的业务的盈利去弥补价格弹性较低的业务的亏损，以保持整体的财务平衡。交叉补贴通常被认为是一种“管制性的间接课税”，它之所以成为各国曾经采用的普遍服务融资机制，主要是因为交叉补贴的存在和交叉补贴的规模被复杂的定价机制掩盖了，一般不容易引起公众的注意。交叉补贴所具有的这种隐性税收性质使得它也可被厂商持续应用。

然而，在进行纵向一体化拆分和引入竞争后，这种机制的不合理性和不可维持性就十分明显了。在引入竞争的领域，价格会逐渐趋于边际价格。这样，仍然承担普遍服务义务的原垄断厂商必然亏损。如果继续保留交叉补贴政策，那么将会由于“吸奶脂”的竞争策略而使普遍服务难以为继①。这样，就需要重新寻找一种能够维持普遍服务的融资机制，既可保证企业有能力承担普遍义务，又不阻碍其参与竞争。

（二）普遍服务基金的建立

我国自然垄断行业长期采用的交叉补贴、特殊定价和价外加价等定价方法，沿用的是传统重工业化原始资本积累的思路。通过国有垄断，将政府发展基础设施产业的义务转嫁到下游产业和消费者的身上。结果不但使普通消费者尤其是低收入的城乡居民不能享有普遍服务，反过来还要为此承担高额的垄断价格。同时，在垄断企业粗放发展的过程中，这种不公正的分配机制使财富大量流向行政垄断企业或政企利益同盟。因此，应该放弃交叉补贴这种机制，建立起普遍服务基金机制，使政府和自然垄断厂商真正成为普遍服务义务的承担者。

① 第四章第二节对交叉补贴的问题已有比较详细的论述。

建立普遍服务基金，应该明确各行业普遍服务的范围，确定组织实施普遍服务的机构，由其制订相应的规划，明确基金筹资的规模，同时建立公正、透明、有效约束的基金运作程序，分阶段有步骤地实施普遍服务义务。基金来源于向行业内所有的厂商征收的费用，各厂商的缴纳额按照规定业务范围内的收益和贡献因子的乘积来确定，基金还可来源于政府预算、国际机构拨款、特许权收费。

普遍服务基金有两个使用渠道，一是对已经在提供普遍服务的企业进行补贴，二是对投资建设落后、边远地区网络的企业进行补贴。无论是哪种用途，都存在补贴额的确定问题。补贴额的确定既可由管制机构直接核算，还可以利用拍卖机制。由管制直接估算存在着信息不对称的问题，解决这一问题的有效途径是拍卖机制，这是国际上通行的一种方法。它的优点是可以在较大程度上解决信息不对称问题。在不存在串标的情况下，将大大减少管制机构为获知企业成本而付出的成本。在拍卖过程中，竞标者应用自己的模型和方法来计算投标的补贴数额，管制机构从中选取补贴数额最低的竞标者来实施普遍服务。一些拉美国家如智利和秘鲁的案例说明，竞标的结果往往是管制机构在零补贴的基础上发放了许可证①，从而节约了政府资金。

七、加强管制法律与反垄断法的配合

在管制市场中，管制和反垄断是两种可以互相替代的资源配置手段。改革以后，网络业务将继续保持地区独占垄断的市场结构，这是法律所允许的，但其滥用独占地位而实施的反竞争行为依然要受到反垄断法的制裁。除了垄断市场以外，垄断竞争市场中的垄断行为也是法律的约束对象。由于资产专用性和固定投资的巨额性，大部分环节即使引入竞争后，也只是垄断竞争的市场结构，更何况破除行政垄断并非朝夕之事，因而凭借行政权力和垄断地位，歧视性定价、阻碍接入和互联互通等反竞争行为仍将长期存在。而且，随着改革的扩展和深入，除了这些垄断行为外，恶意兼并、价格串谋、掠夺性定价等市场

① ［加］Hank Intven 等编著：《电信规制手册》，管云翔译，北京邮电大学出版社 2001 年版，第 283 页。

经济垄断和不正当竞争行为也将不断涌现。除了国内企业的垄断行为以外，对外开放程度的提高也必将带来跨国公司的垄断行为，通过反垄断法抑制外来垄断对于保护国内企业，增强其竞争力都是十分必要的。此外，反垄断法还可以明确管制机构的责任和义务，增强管制的公正性。以美国为例，美国电话电报公司在1984年被迫解体，并非因其违反《电信法》，而是因其违反《反垄断法》，对其提起诉讼的也是司法部而非电信管制委员会。事实上，当年作为美国电话电报公司的竞争者，MCI公司进入市场也遭到电信管制委员会的反对，但却获得司法部的支持，正是《反垄断法》作为最终的裁决者，开启了美国电信竞争的大门。目前我国行政诉讼法规定只能对行政机构的具体行为进行诉讼，而不能对法规本身的合法性提出诉讼。将管制法律法规的合法性也纳入反垄断的范围，将大大提高管制的公正性。

根据各国的实践，管制与反垄断的配合模式可以分为以下三种：

第一种模式是不设立管制机构，完全由反垄断机构根据反垄断法进行调控。这种模式的优点在于由于只有一个执法机构，因此反垄断法在适用时具有统一性，不会因两个共同机构执法而产生矛盾。而且，可以降低行业的管制俘虏风险，有助于形成人力资本的规模经济。但它的弊端是比较明显的，由于执法重点主要是反垄断行为，有一些管制目标如普遍服务、互联互通就难以实现；适用一个行业的特定的技能或专长，在其他行业并不一定完全适用；不利于不同行业的管制者相互学习。采用这种模式的国家很少，代表国家是新西兰。

第二种模式是管制机构与反垄断机构共同执法。管制机构除了执行管制法律以外，还与反垄断机构共同执行反垄断法律，这种权力配置主要适用于企业合并的审查。例如，在美国，对于联邦通信委员会所管制的电信运营商，联邦通信委员会与司法部根据《克莱顿法》第7条有共同管辖权。美国1996年《电信法》进一步扩大了司法部的权力，废止了原先联邦通信委员会可以给予地方电话公司合并反垄断审查豁免的权力。尽管美国国会仍然希望在合并审查方面继续发挥联邦通信委员会的专业特长，但显然不愿意将这种权力只授予联邦通信委员会。在英国，电信管制办公室有权适用竞争法，与公平贸易局、垄断与兼并委员会共同履行反对不正当竞争与垄断行为的职责。其中，公平贸易局主要负责监督和调查被管制企业的反竞争或垄断行为，垄断与兼并委员会则拥有对管制机构与被管制企业在修改经营许可证条款纠纷进行裁决的权力。

共同执行反垄断法的权力配置体系有利于充分发挥反垄断机构和管制机构的积极性与专业性，以实现政府的多重政策目标与多种价值追求。但是，由于管制机构与反垄断机构政策目标的不同，两者共同执行反垄断法可能会出现执法上的差异，并且，共同执法也有资源的重复和浪费问题。不过，在实践中，为了避免共同管辖权的冲突，采用这种模式国家的管制机构与反垄断机构之间建立了事先通报与协调机制。管制机构或者反垄断机构任何一方在就合并做出决定前，都通过非正式形式了解另一方的意见，或者是使用联合声明以及日常性的协调会议来防止重复或重合。例如，在美国，联邦通信委员会在制定规章时，司法部会提出它们的评论，联邦通信委员会也经常会援引司法部就合并中的市场定义、集中度的衡量等所发布的指导原则。而且，司法审查制度的存在，从根本上保证了双方之间的冲突可以得到司法解决。英国也是如此，在电信管制办公室和公平贸易局都有权处理的领域，如果企业向其中的一个机构提出请求，也必须同时告知另一家机构。而且，新的通信委员会更倾向于采用反垄断法的理念来处理电信业的反垄断问题。

第三种模式是管制机构和反垄断机构分工执法，执法依据与内容分工明确，目前多数国家采用这种模式。在这种模式下，被管制企业既要接受反垄断法的规范，同时也要接受管制法律的约束。为避免管制机构与反垄断机构在执法中产生矛盾，管制法律与反垄断法律将它们的职权分别限定在特定领域。从实践看，大多数情况下，反垄断机构处理不正当价格和串谋等的典型垄断行为。管制机构则主要负责发放许可、确立主导运营商的价格水平、保证普遍服务之类的典型管制问题。德国是典型代表。德国电信管制机构——邮政电信管理局自成立以来①，与联邦卡特尔局的合作良好。两个机构的合作主要是考虑市场界定和市场支配问题。

就我国来看，由于《反垄断法》明确规定了反垄断机构的职责，意味着我国采用的是管制与反垄断共同调控的模式。应该说，这种模式之所以为世界上

① 邮政电信管理局（REGTEP）目前已经由网络管制局取代。

大部分国家所采用，是因为在可预见的未来，反垄断还不可能取代管制成为对自然垄断行业的唯一调控手段。首先，在各行业管制放松以后，原来的市场结构必然由完全垄断或寡头垄断向垄断竞争过渡，在这一过程中，互联互通、交叉补贴等问题都会凸显，解决这些问题需要很强的专业技术知识，而且各行业存在很大的差异性。当前我国各行业承担管制职责的部门已经在管制改革不断推进的过程中积累了较好的专业技能。其次，管制与反垄断，前者是通过事前的规则与管理来促进竞争的形成，而后者是一种垄断已经出现的事后补救措施，事后补救的成本较大，对企业经营的负面影响较大。此外，像互联互通、服务质量、许可证条件的确定和执行都是一些需要连续监督的事项，这些只能通过事前或事中的管制来实现和决定。至于具体是采用第二种模式，还是第三种模式，目前还不明确，但显然第三种模式比较适合我国。职责界定不清，多头管理与相互扯皮是我国政府管理中惯有的弊端。第二种模式其本身就具有这一内在的缺陷。之所以能在美英等国较成功地运行，很大程度上取决于部门之间的通力配合与司法途径的强有力保障，而这正是我国所缺乏的制度运行环境。采用第三种模式，将管制机构与反垄断机构的职责通过法律形式明确界定，并通过实践探索建立起协调机制，可以以较少的成本推动管制改革的深化。

第八章　电力行业政府管制改革的比较

电力行业包括发电、输电、配电、售电四个相互关联的环节。发电是将各种能源，如火力、水力、原子能、太阳能、风能等转换成电能。输电和配电都属于电力输送环节，前者是将高压电力从发电厂传输出来，后者是将高压电通过变电降为中低压电，售电则是将低压电出售给终端用户。

电力行业的四个环节都需要大规模的固定投资，具有较大的沉淀成本。有关的理论和实践证明，发电具有一定的规模经济性。如有专家估计，矿物燃料发电厂的最小经济规模大约为40万千瓦发电量。原子能发电厂的最小经济规模至少是矿物燃料的两倍①。因此，过去在各国的发电领域中，一般由少数几家大型厂商垄断市场，而且都采取垂直一体化的垄断组织形式。输、配电都是通过物理网络来实现的，具有较强的自然垄断性。不过，由于配电网主要是地区性的，覆盖范围远远小于输电网，自然垄断性不如输电网那么强。

过去各国的电力工业一般采取垂直一体化的组织形式，从技术方面而言，主要是因为，虽然不能证明发电本身具有自然垄断性，但是，由于电力产品不能储存、供需必然保持连续平衡的技术特性，电力生产与输送之间需要高度协调。这样，发电与输电两个环节相结合，就会产生很大的范围经济性。

近年来，随着发电技术、能源利用设备的日益发达，以及以计算机和电子技术为中心的技术革命的兴起并由此产生的系统控制技术的普遍运用，电力行业的可竞争性大大增强。例如，混合循环燃气轮机技术的应用不但弱化了电力生产的规模经济优势，而且对电力输送的自然垄断性也产生了一定影响。运用

---

① 王俊豪：《政府管制经济学导论》，商务印书馆2001年版，第241页。

这种技术可越过输电网直接向大规模客户供电，即大用户直供电业务，与传统输电业务形成竞争。总之，在电力行业中，除了输电网仍然被公认具有较强的自然垄断性以外，其他环节都不同程度地具有竞争性。

第一节　美英电力管制改革内容之比较

一、改革内容之同

（一）打破原有公共电力企业的垂直一体化结构

在打破垂直一体化结构方面，1996 年美国联邦政府颁布法令，要求公共电力企业向电力批发企业开放输电系统，以防公共企业对其他企业实施接入歧视。最新的改革则将电网的所有权和经营权分开，电网的所有者仍为同时从事发电业务的公共电力公司，但是经营则由独立的系统运行机构来负责，通过将电网经营与发电业务分离来降低不公平交易的可能。

为了打破中央电力生产局的垂直一体化结构，英国电力管制机构将原为中央电力生产局所有的输电网转移给新组建的国家电网公司，国家电网公司为 12 个地区性的配售电公司共同拥有。2000 年英国建立了配电网络运营商制度，将配电与售电环节完全分开。目前由 9 个配电集团公司负责运营 12 个配电区域，分别负责连接所辖地区的每一个用户的电力需求。

（二）在发电和售电领域引入竞争

1. 放开发电环节的竞争

为了鼓励节能，美国的《公共企业管制政策法》（PURPA 法）要求公共电力企业向采用可再生能源、新技术并取得资格认证的发电厂购买电量①，一些州在这一购买过程中引进了竞争性投标的方式，这就在事实上建立了发电环节的竞争激励机制。1992 年的能源政策法明确了“例外批发发电公司”不受政府管制，为消除发电的市场进入和建立竞争性定价提供了正式的法律依据。

英国对电力产业市场结构调整的主要内容是，在将原中央电力生产局进行纵向拆分后，再将其发电资产划分为国家电力公司、电力生产公司和原子能电力公司三个发电企业所有。其中，前两个公司拥有的生产能力分别为 52%、33%，在发电市场上构成了双寡头垄断。为此，英国电力管制办公室在 1994 年要求这两家企业向其他竞争性发电企业分别出售一部分电站。2000 年以来，英国发电市场的竞争程度进一步提高，已从最初几个参与者的高度集中的情况发展为目前以 36 个发电公司为主体的高度竞争的市场。

2. 放开用户选择权

放开用户选择权是国际电力市场改革的共同经验。发达国家电力市场模式虽然差别很大，但基本都以“开放电网、增加用户的选择权”为目标，其中以开放用户对供电商（零售商）的选择权为主。

建立零售选择的竞争体制，让消费者有权自主选择供应商是近年来各国电力改革的主要内容。在零售环节，美国联邦能源管制委员会允许不同地区的公司进行竞争，拥有多余电量的公司可以向区域外的用户销售。

英国从 1990 年开始允许大用户向任何发电商或售电者购电，1994 年扩大到中型用户，1998 年扩大到所有用户都可以挑选供电商。1994 年以前，英国零售市场上最大需求量在 1000 千瓦以下的业务由各地区的公共电力公司实行特许垄断经营，最大需求量超过 1000 千瓦的业务则允许竞争，但这部分竞争性业务只占整个零售市场业务的 30%。1994 年以后，零售竞争范围扩大到 100 千瓦以上，1998 年以后，零售市场分阶段式地全面开放，地区公共电力公司的特许垄断经营权被取消了，本地区的独立零售商和其他地区的公共电力公司或独立零售商都是本地区公共电力公司的直接竞争者。

除了在零售环节可以自由选择供电商以外，一些国家还允许大用户可以与

---

① 这部法律于 1978 年通过，是美国《国家能源法》的第二部分。立法初衷是鼓励可再生能源的发展和新技术的采用，开启了美国的电力市场竞争的大门。

发电企业签订短期或长期合同，以北欧和澳大利亚为典型代表。

（三）设立独立的管制机构

美英在电力市场引入竞争的同时，还建立了独立的电力管制机构。英国的独立管制机构原为电力管制办公室，1998 年与天然气管制机构合并，现为统一的能源办公室。与英国不同的是，美国从改革之初就设立了综合性的联邦能源管制机构。到 2001 年 4 月，除德国以外的所有欧盟成员国都进行了电力管制体制改革，建立了全国性电力或能源管制机构。

二、改革内容之异

（一）美国 ISO 模式下的区域输电网与英国全国统一的输电网

美国的电网不是全国性的，而是以区域为主的。美国电网由四个独立区域性电网组成，其中包括 2000 年发生重大电力危机的加州电网，加州电网是一个完全封闭的区域电网。

一般来说，与输电有关的职能有三项：一是输电网的所有权，包括扩建、维护、日常操作等；二是系统运行，包括调度和系统控制、购买辅助服务、安排交换；三是市场运行，包括接受投标、价格结算。后两个职能属于电网的运营内容。美国采取了系统运行机构即 ISO 来分配输电网的职能，将电网的所有权和经营权分开。电网的所有者仍为从事发电业务的公共电力公司，经营则由独立的 ISO 来负责，ISO 是非营利性的组织。设立 ISO 的目的在于将电网的经营控制权与发电业务相分离，从而降低不公正交易的可能性。

与美国的网络分割不同，英国一直保留着全国统一的输电网。输电网的所有权和经营权也没有分开，都由国家电网公司统一掌握。改革之初，国家电网公司是由 12 个地区性配电公司合资成立的。20 世纪 90 年代末，国家电网公司的产权通过上市被多元化。

（二）输配电环节的美国投资回报率管制与英国的价格上限管制

美国自然垄断行业一贯实行投资回报率的价格管制。电力行业的改革是以州为单位进行的，有些州在改革过程中，对输配电环节也逐渐引进了价格上限的管制方法。

改革后，英国对输电、配电、售电均实行价格上限管制。这一价格管制方法在具体应用中是以平均收益率为基础的，即对每千瓦小时的电力确定价格上限。由于在实际操作中很难预测未来时期的平均收益水平和物价变动率，因而就设置了一个修正因子来调整预测误差。为了促进电力配售价格的下降，管制机构不断调整因子之值。

（三）美国的分权式管制与英国的集中式管制

英国电力工业的管制机构 1998 年以前为国家电力管制办公室，1998 年与天然气管制办公室合并为能源办公室，地方政府不设类似机构。

与英国的集权式管制模式不同，美国采取的是中央与地方管制机构共同负责的模式。在中央一级，由联邦能源管制委员会负责管制州与州之间的电力交易和电力批发价格。在州一级，则由州政府授权公共事业委员会管制电力工业，除了电力以外，公共事业委员会还负责供水和电信等其他行业的管制。

就独立性和权力而言，英国的电力管制办公室比美国的能源管制委员会更大，其决策过程也更加简单、高效。但是英国这种单一机构的模式具有独裁决策的弊端，决策具有个人化的倾向，因而决策的合理性也常常受到质疑。

第二节　我国与美英管制改革比较

一、与美英管制改革相同之处

（一）发电环节放开竞争

与美英等大多数发达国家一样，我国电力行业改革也始于发电环节。为了

解决电力短缺的问题，1995 年开始实行多家办电，允许外商投资电力项目，电力市场形成多元化投资主体，打破政府独家办电的局面，对电力发展起到了重要的推动作用。

经过十多年的发展，发电环节的竞争程度明显提高。截至 2008 年底，全国有 6000 千瓦及以上各类发电企业 4300 余家，其中国有及国有控股企业约占 90%。随着“上大压小”政策的实施，发电环节产业集中趋势更加明显。华能、大唐、国电、华电、中电投 5 大发电集团装机容量约占全国总装机容量的 44.90%，同比提高 2.90 个百分点；国家开发投资公司、神华公司、长江三峡工程开发总公司、华润电力控股有限责任公司、核电集团公司、广东核电集团有限责任公司等其他 6 家中央发电企业装机容量约占 10.50%；在地方国有发电企业中，规模较大的粤电、浙能、鲁能等 17 家企业装机容量约占 13.30%，以上 28 家大型发电集团装机容量约占全国总量的 68.70%。全国全年发电量 34334 亿千瓦时。其中，水电发电量 5633 亿千瓦时，火电发电量 27793 亿千瓦时，核电发电量 684 亿千瓦时，风电发电量 128 亿千瓦时，分别占总发电量的 16.41%、80.95%、1.99%、0.37%①。

（二）垂直一体化垄断结构被打破

为了探索破除垂直一体化垄断的可能途径，1998 年国家电力公司推出“厂网分开，竞价上网”的改革方略，在浙江、上海、山东、吉林、辽宁、黑龙江“五省一市”进行“厂网分开、竞价上网”市场化改革试点，拿出计划电量的 10%～15%进入竞价系统。

2002 年开始的最新一轮改革对原国家电力公司进行了纵向拆分，将主业资产按照发电和电网两类业务进行划分。其中，发电资产直接改组或重组为规模大致相当的 5 个全国性的独立发电公司，包括华能集团公司、大唐集团公司、华电集团公司、国电集团公司和电力投资集团公司。电网资产则由新成立的国家电网公司和南方电网公司所有。

---

① 国家电力监管委员会：《电力监管年度报告》（2008），国家电监会网站。

（三）设立电力管制机构

长期以来，我国没有一个专门的电力管制机构，职能分散在不同部门。行业管理由原国家经贸委负责，价格管理职责则由国家发改委（原为国家计委）履行，企业财务管理职能属财政部，多重管理造成了部门利益冲突和实际上的管制真空。2002 年 10 月，我国第一个专业的电力管制机构——国家电力监管委员会宣布成立。

（四）放开用户选择权，推行大用户直购电

由于在同一地区建立两张或两张以上的输电网显然有悖于经济效率，因此在具有高度自然垄断性的输电环节，我国电力行业的输配电长期实行垂直一体化经营方式，无论是原有的国家电力公司，还是拆分后的国家电网公司和南方电网公司都维持了这一模式。其中，国家电网公司下设 5 个区域电网公司，区域电网公司在各省的分公司或子公司，负责经营当地相应的输配电业务，实质上实现了输配电纵向一体化。

由于垄断经营具有低效率的特性，为促进电网公司提高运作效率，降低输电费用，在借鉴发达国家经验的基础上，国家电监会和发改委于 2004 年推出《电力用户向发电企业直接购电试点暂行办法》。在大用户直购电交易过程中，电网企业只提供过往输电服务，且输配电价由政府价格主管部门确定。这一举措的目的在于激励垄断性输电企业提高效率，弱化其利用垄断地位对发电和售电市场的双向操控。

但与美国与英国不同的是，我国用户选择权的开放不是在供电环节，对象也不是所有的终端用户。这种在电力批发市场引入竞争机制，放开用户选择权的模式是北欧国家采用的模式。

二、当前我国电力管制中存在的主要问题

（一）省间壁垒阻碍发电环节的竞争

尽管我国“厂网分开，竞价上网，省为实体”的改革已经进行了十几年，

但是至今发电环节却并未能够形成有效竞争的格局，市场被行政分割，资源的配置效率受到了严重损害。各省以电价不够低和电力输送方面存在技术方面的障碍等各种理由为借口，拒绝开放电力市场，通过种种方式排斥外来竞争。“省为实体”逐渐演变为“省为壁垒”。这一问题是我国所特有的，无论是在美国以州为单位的进行分散式改革中，还是英国由中央政府统一推行的改革中，都不存在这种电力市场被人为分割和设置障碍的情况。

省间壁垒阻碍了发电市场的竞争，造成了大量资源浪费，二滩水电站事件是这方面最典型的例子①。

导致省间壁垒的主要原因有两个。一是拥有电网、垂直一体化的国家电力公司对非电力公司系统的电网、独立电厂实施歧视性竞争。1985 年之后为了解决电力紧张的情况，政府鼓励多家办电。地方政府所承诺的高额投资回报率吸引了大量的资本流入发电市场，电力短缺的局面很快得到改善。但是，旧的问题解决了，又出现了新的问题，那就是原电力部系统内的电力公司利用其政企合一的背景和垂直一体化的优势对新进入的企业进行排挤。1997 年以后虽然成立了独立的国家电力公司，与电力部脱钩。但是，政府的行业管理方式并没有发生根本变化，一方面，政府对国电公司的直接干预依然存在；另一方面，国家电力公司也仍然在很大程度上借助政府的力量来排挤竞争对手。二滩水电站就是独立电厂，它不属于国电公司系统，因此，在这种体制下，它的生产能力出现严重闲置是必然的。实际上，不止是在省间，在省内国家电网排斥系统外的独立发电企业的例子也不乏见②。

另外一个重要的原因是，电力本来就是一个重要的基础行业，何况在一家

① 位于四川雅砻江下游河段的二滩水电站是目前国内已经建成的最大的水电站，到 2003 年为止累计投资 286 亿元。于 1991 年开工建设，1998 年第一台机组投产，装机总量 330 万千瓦，年发电能力可以达到 170 亿度。二滩水电站决定上马时，正是四川省电力紧缺的时候，建设资金来自国家开发银行和世界银行的贷款，到目前为止累计投资 286 亿元。国家开发投资公司、四川省投资公司和四川省电力公司分别占 48%、48%和 4%的股份。按原计划，二滩的绝大部分电量是供应重庆的。但 1997 年重庆脱离了四川省，成了直辖市。川渝分家后，重庆只接纳了二滩 1/3 的发电量。二滩的剩余供应能力被闲置，亏损严重。据统计，二滩水电站以每秒 5551 立方米的流量放水，这些泄洪量如果转化为电能，可达到 800 万千瓦。如果用每度电 0.30 元来计算，每天白白流失的金额就高达 6000 万元。截至 2003 年初，已累计亏损十几亿元。

② 由于受到省电力公司的排挤，贵州小水电有近 40%的电能无法输出，导致贵州出现缺电与电能浪费并存的奇怪现象。参见《21 世纪经济报道》，2004 年 2 月 5 日，第 11 版。

垄断的情况下，电力行业可以获得一般行业无法相比的高利润，因而省内国电公司无论是在增加地方经济总量、上缴财政收入，还是解决就业方面都具有重要影响。而且，省内的一些电厂的投资贷款是由省及省以下政府担保而获得的，省内电力企业的效益直接关系到省政府担保的贷款偿还。因此，为了保证省内市场份额不被抢占从而保证电力企业的效益，地方政府利用行政权力排斥外地发电厂的做法是必然的。

为打破以省为实体内部调剂的局面，让电力资源在大区范围调剂余缺，2003 年 8 月，电监会制定并颁发了《关于区域电力市场建设的指导意见》，并于 2004 年 1 月在东北率先进行试点，计划用三年左右时间，初步形成华北、东北、华东、华中、西北、南方等六大区域电力市场，到“十五”期末，基本建成区域电力市场，多数发电企业通过区域电力市场实行竞价上网。在我国，省作为一个政府层级，拥有很大的行政权力。以区域为单位建立电力市场有利于打破省一级行政权力扶持下的地方保护。

然而，在推进区域市场建设的过程中，省间交易壁垒重新显现，行政干预现象仍较突出。有些电价较高的省份为保护本省发电企业利益，宁愿高价从外省购煤发电，也不愿购进外省低价电。与此同时，电价较低的省份却找不到外送途径；有的省份用低价电扶持本省“高能耗”企业；水电较多的省份，存在丰水期电价低廉却外销困难，而枯水期又高价外购煤电的问题①。

此外，国家电网公司对电监会推行的区域电力市场持否定态度，并采取多种措施弱化区域电网。如上收各省电网主要资产，以及通过建设特高压线路，实现全国统一的同步大电网。电监会的统计分析表明，特高压会使目前区域电网的网架解列成为配电电网，区域电网公司的体制模式和区域电力竞争市场将失去依托。

（二）现行定价体系缺乏科学性和激励性

1. 电价水平

（1）上网电价

与美英两国发电、售电领域的竞争机制都基本形成，对输配电环节具有明

① 国家电力监管委员会：《电力监管年度报告》（2006），国家电监会网站。

确的价格管制方法不同，迄今为止，我国发电领域的价格形成体系十分混乱，竞争上网机制难以形成。

为了解决电力严重短缺与国民经济调整间的矛盾，调动投资办电的积极性，1986年，国家出台了“新电新价”的定价政策，新建电厂的电价按照还本付息的要求确定，为“一厂一价”，全部成本从电度电价中回收。

对新电厂按还本付息要求，以个别成本为基础实行“一厂一价”，缺乏对项目投资成本、建设造价和经营成本的控制和约束，造成电厂工程价节节攀升。新老电价双轨制运行，造成了新老电力用户电价的差别和对同一用户实行多种电价的状况。用户不能根据合理的电价结构公平负担电力成本。

随着独立电厂的出现以及“厂网分开”的试点探索，发电环节的市场化改革被提上日程。市场化方向决定电价的形成机制应该是上网竞价。但是从2002年试点以来，竞价上网仍然没有实质形成。竞价上网改革试点地区，电厂实行两部定价制，其中电量电价由市场竞争形成，约占10%～15%，容量电价由政府定价。试点以外的电厂，主要还是按照成本＋利润＋税金的方法来核定上网电价。目前上网电价因机组和地区而不同。上网电价与地区经济发展程度高度相关，显然不是竞争的结果（参见表8－1）。

表8－1　各省平均上网电价　　单位：元/千千瓦时

省份	上网电价	省份	上网电价
北京	364	吉林	344.62
天津	455.35	黑龙江	334.66
河北（北网）	369.32	陕西	298.31
河北（南网）	339.74	甘肃	249.01
山西	335.1	宁夏	252.3
山东	383.04	青海	199.13
内蒙古（西部）	322.1	新疆	240.44
内蒙古（东部）	313.95	上海	451.28
辽宁	364.15	江苏	420.14

续表

省份	上网电价	省份	上网电价
浙江	485.53	四川	303.67
安徽	370.94	重庆	327.88
福建	384.2	广东	466.32
湖北	349.68	广西	310.98
河南	338.6	云南	238.27
湖南	354.85	贵州	294.75
江西	374.88	海南	393.83

资料来源：国家电力监管委员会：《2008年电价执行情况监管报告》，中国电力网。

我国上网竞价机制的普遍推开存在着两大阻碍：

一是政策的变动将造成电厂之间的不平等竞争，产生所谓的“体制成本”问题。由于现有电厂享受不同的政策待遇，如果以市场竞价取代“一厂一价”的定价机制，有些电厂会获取超额利润，有些电厂则会蒙受巨额亏损，这种亏损就是政策变动因素导致的“体制成本”。我国现有电厂的性质十分复杂，表现为各电厂的成本负担不同。有些是在计划经济时代建成的老厂，电力生产只需支付一些生产成本；有些电厂则是“拨改贷”建成的；而一些新的大厂则是依靠银行贷款和部分资本金建设，贷款比例和利息有很大不同；有的利用外资，偿还本息的负担更为沉重。一些大型水电厂其造价远高于火电厂。而且，到20世纪末，发电厂中大约有1/3是1986年以前用国家拨款建设的①，已经折旧完毕，电价仅仅考虑变动成本、人员工资和固定维护成本，其平均电价大大低于经济成本。根据“新电新价”政策，新建电厂的全部投资在10～15年内收回。这一期限短于电厂的经济寿命，很多电厂已快到还贷末期，全部投资已经快收回。由于要在10～15年内收回全部投资，新电厂的电价高于经济成本。政策因素导致的成本差别显然直接影响着某些电厂和机组上网竞价的竞争

① 《中国电力部门深化改革座谈会报告和工作报告》，中国电力部门深化改革座谈会，国家发展计划委员会主办，北京：2000年10月9～10日，第94页。

力。在这种情况下，放开上网竞价将导致不公平竞争。尽管20世纪90年代末，国家对还本付息电价政策进行了修订，出台了经营期电价政策，将按项目还贷期还本付息需要定价改为按项目经营期定价，按项目个别成本定价改为按社会平均先进成本定价。2004年政府在经营期定价政策的基础上又出台了标杆定价政策，取消了"一机一价"政策。但是，如果缺乏配套政策，定价政策的历史因素仍将明显影响到公平竞争。

二是在电力交易以省内交易为主的格局下，完全放开发电电价的市场竞争可能影响到不发达地方的经济和社会稳定。2000～2005年跨区交易电量由23亿千瓦时增加到774亿千瓦时，增长了33倍，但省内电力交易仍占到85%以上[①]。2008年，跨区电力交易量为1348.9亿千瓦时[②]，比2005年又增长了一倍，但可看出电力交易仍以省间交易为主。在经济不发达地区，发电厂和低效的小煤矿是地方政府的主要税收来源和当地的重要就业渠道。不发达地区用电需求较小，供给相对过剩，全面放开发电竞价，发电电价必然下降甚至可能低于平均成本，从而对经济不发达地区的电厂效益以至地方经济社会稳定产生负面影响。

（2）输配电价

由于发电、输配电、售电的垂直垄断一体化经营，长期以来一直缺乏独立的输配电价，输配电网的投资和运行成本与所属发电企业的电厂成本、向独立发电企业的购电成本一起形成了输配电网目录电价，输配电价包含在目录电价中。垂直垄断一体化经营的格局被打破之后，输配电的价格仍然没有分离出来，电网仍是与直属发电厂和独立电厂购电捆绑定价。2005年，《输配电价管理暂行办法》规定，电价改革初期，共同网络输配电价由电网平均销售电价扣除平均购电价和输配电损以后确定，逐步向成本加收益管理方式过渡。在成本加收益管理方式下，政府价格主管部门对电网经营企业输、配电业务总体收入进行监管，并以核定的准许收入为基础制定各类输、配电价。

目前有三种计算输配电价的方法：第一种是由电网企业上报的输配电价（不含线损），理论上应该包括电网企业的成本与收益。第二种是平均销售电价

① 王信茂：《"十一五"电力体制改革有三大难点》，《中国经济时报》，2006年11月20日，第4版。

② 国家电力监管委员会：《电力监管年度报告》(2008)，电监会网站。

减去平均购电价得到的输配电价（含线损），这是长期以来使用的方法。第三种是政府出台的各种电网输配电价。全国 29 个省级电网有 29 种不同的目录与输配电网价格，差别明显。主要是因为各地上网价格不一，而输配电价主要是按销售电价扣除购电成本的方式来确定的。此外，历史因素也是造成各省级电网电价差异的重要原因。

从数据来看，三种方法计算出来的输配电价重合度非常高[①]（参见图 8－1）。尽管有三种方法，但基本上就是按销售电价与上网电价价差来核定这一种模式。在按价差而不是按电网成本来核定输配电价的模式下，输配电成本费用不清晰，未能建立有效的电网输配电成本约束机制，独立和合理的输配电机制和水平难以确立，大用户直购电及电能双边交易因缺乏合理的输配电价而面临诸多困难，区域交易因此也面临许多问题。

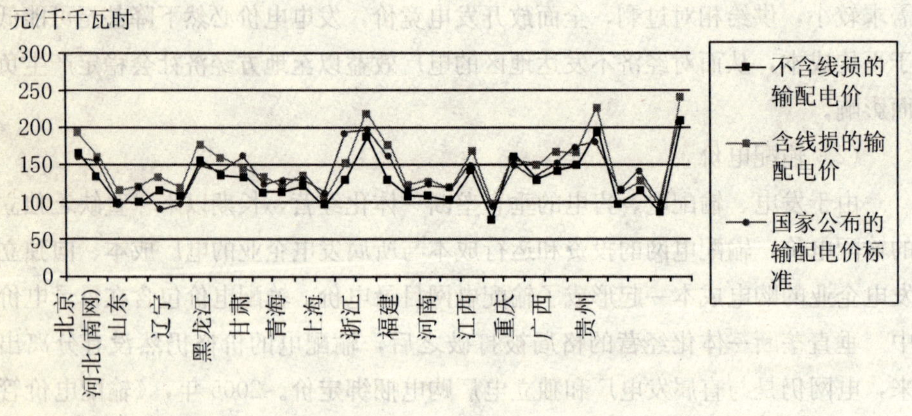

图 8－1　三种输配电价比较

资料来源：高伟娜：《电力产业价格规制的演变与改革》，《价格月刊》，2009 年第 4 期。

（3）销售电价

销售电价长期以来都受政府管制。2005 年《销售电价管理暂行办法》规定，销售电价由购电成本、输配电损耗、输配电价及政府性基金四部分构成。销售电价调整采取定期调价与联动调价两种方式。定期调价指每年由价格主管

① 高伟娜：《电力产业价格规制的演变与改革》，《价格月刊》，2009 年第 4 期。

部门进行校核，煤电联动调价是指销售电价与上网电价联动，仅限于工商业与其他用户，这一机制的目的在于解决“市场电，计划煤”而导致发电企业的严重亏损问题。

尽管 2005 年以后销售电价调价机制的建立表明了我国销售电价的市场化改革方向，但是销售电价由于被过多地赋予宏观调控职能而偏于僵化，缺少弹性，不能充分反映市场供求关系、资源稀缺程度和环境损害成本。产业结构调整与公共利益是目前销售市场化的两大直接障碍。2008 年的区域竞价试点失败，主要原因是地方政府的自主定价行为有可能导致产业结构调整的宏观目标落空，违背“给高耗能企业加价”的政策初衷。再从公共利益考虑，销售电价的上涨空间受到较多限制。可见，在电力管制体制不做系统调整的前提下，销售电价市场化是无法单独推进的。

2. 电价结构

(1) 价格比重

我国历史上一直实行“重电源轻电网”的政策，上网电价一直按成本法核定，销售电价受国家管制，直接导致输配电价在销售电价中的比例偏低。上网电价所占比重偏大，平均占电价总体的 70%左右，输配电比重较小，平均占 30%左右（参见表 8—2）。国外输配电价占总体电价的比例在 40%～60%之间[①]。2007 年，美国这一电价比例为 44%、英国为 49%、法国为 38%、巴西为 57%[②]。我国输配电价比重低，难以吸引投资，电网建设滞后。

表 8—2　2008 年输配电价占销售电价比

项　目	华北	东北	西北	华东	华中	南方
上网电价（元/千千瓦时）	347.27	345.04	255.21	422.84	330.31	378.03
输配电价（元/千千瓦时）	123.93	146.6	135.35	141.78	129.4	170.17
销售电价（元/千千瓦时）	476.82	519.98	390.56	571.56	459.7	576.71
上网电价占销售电价比例（%）	72.83	66.36	65.34	73.98	71.85	65.55

① 洪隽：《欧洲电价监管及对我国电价改革的启示》，《中国价格监督检查》，2008 年第 7 期。

② 黄少中：《中国电价改革回顾与展望》，《价格理论与实践》，2009 年第 10 期。

续表

项　目	华北	东北	西北	华东	华中	南方
输配电价占销售电价比例（%）	25.99	28.19	34.66	24.81	28.15	29.51

资料来源：国家电力监管委员会：《电力监管年度报告》（2008），国家电监会网站。

（2）销售电价的交叉补贴

销售电价交叉补贴严重，居民用电、农村用电和支农产品用电的电价严重偏低，导致电力能源利用效率降低。而且，严重的交叉补贴和电价中的各种加价，使工商业用户承受了额外的负担，刺激了一些企业自备电厂的建设。由于自备电厂装机容量小，煤耗高，管理水平低，造成了严重的浪费。而且，不同电压等级的同类用户之间的补贴等开展直购电引起了交叉补贴的调整，但承担的交叉补贴难以计算。

从经济学原理上来看，应该是工业电价低于商业电价，商业电价低于居民电价。这是因为，从供电与输配电成本来看，工业、商业、居民用户的用电负荷逐渐降低，输配电成本也顺次提高。而且，按照拉姆士定价原则，用户价格应与需求弹性成反比，从而要求工业低于商业、商业低于居民的价格结构①。大部分国家电力价格结构都符合以上原理（参见表 8—3）。

表 8—3　2003 年销售电价结构　　单位：元/千瓦时

国家	2003 年销售电价结构	
	工业电价/居民电价	商业电价/居民电价
美国	0.57	0.93
巴西	0.46	0.87
英国	0.45	0.82
中国	1.02	1.59

资料来源：《亚洲开发银行研究报告——电力定价策略与监督》（2004），转引自李虹：《中国电价改革研究》，《财贸经济》，2005 年第 3 期。

① 李虹：《中国电价改革研究》，《财贸经济》，2005 年第 3 期。

我国销售电价分类不反映用户用电特性和供电成本，交叉补贴严重。目前从分类销售电价看，按从高到低的顺序，商业电价为 847.26 元/千千瓦时，非居民照明用电为 729.27 元/千千瓦时、非普工业用电为 718.76 元/千千瓦时、大工业用电为 535.60 元/千千瓦时、居民生活用电为 469.12 元/千千瓦时、农业生产用电为 399.66 元/千千瓦时、贫困县农排为 160.53 元/千千瓦时[①]。

另外，根据国际能源署（IEA）的统计，2005 年经济合作与发展组织（OECD）国家的居民电价平均是工业电价的 1.7 倍，而电监会数据显示，2005 年中国的居民电价仅为大工业电价的 0.93 倍，居民电价严重低于工业电价[②]。

（3）直购电大用户的交叉补贴

目前对大用户存在严重的交叉补贴，大用户目录电价不能真实反映供电成本。目前电价体系中存在多种形式的交叉补贴，主要包括两类：一类是不同地区用户之间的补贴，如直供区供电公司补贴趸售县用户。另一类是不同用户之间的交叉补贴，即大工业、非普工业、商业等用户补贴居民、农业用户。

（三）破除垄断与电力改革安全性之间的矛盾

2002 年的电力改革将电网从原国家电力公司中分离出来，成立独立的国家电网公司。同时，又将全国电网分为七大区域网，其中除了南方电网公司是独立公司以外，其余六个区域电网公司都与国家电网公司存在股份关系。这样，我国对输电网的改革既不同于美国，也有别于英国。美国不存在全国统一的输电网，而是几大分割的区域网，因而也不存在与全国电网相对应的国家电网公司。英国的输电网是全国一张，独立的国家电网公司拥有并垄断经营输电业务。

我国保留国家电网公司是从电力的安全性角度来考虑的。电力的技术特征决定了电力的安全性与输电环节密切相关。2000 年美国加利福尼亚州爆发的电力危机为我国电力改革敲响了警钟[③]。加州电网是一个完全封闭的区域电

① 国家电力监管委员会：《2008 年电价执行情况监管报告》，中国电力网。

② 王信茂：《“十一五”电力体制改革有三大难点》，《中国经济时报》，2006 年 11 月 20 日。

③ 美国的改革是以州为单位进行的，包括加利福尼亚州在内的几个州首当其冲，在 20 世纪 90 年代中期拉开了改革的序幕。然而，加州改革却导致了电力危机的爆发。2001 年 1 月开始，加州政府在全州范围内实行轮流停电；太平洋天然气和电力公司、南加州爱迪逊两家主要电力企业亏损约 90 亿美元，股票大跌，濒临破产，造成该地区政治、经济和社会的不稳定。

网，以致危机爆发时，其他电网援救不及。而且，几乎在加州危机爆发的同时，我国的“西电东送”也因为区域网之间的联网不通畅而受到阻碍。相反，英国由于全国一张网，从20世纪80年代初电力改革直到现在从未出现过严重的安全事故。这说明区域网互相连接和电力负荷在全国范围内的调度是保证输电安全的重要前提。而这两项任务只有全国性的电网公司可以承担。

但是，国家电网公司是从政企分开不彻底的产物——原国家电力公司中脱离出来的，它完全可能凭借其强大的经济实力[①]、深厚的历史渊源和复杂的既有关系独立行事，甚至进行操纵，从而违背了打破垄断这一改革的初衷[②]。而且，国家电网与区域电网之间的关系定位也是一个遗留难题。目前的改革方案中关于国家电网公司与区域电网公司的关系的规定如下，“区域电网公司均为独立运作的股份责任公司，与国家电网公司只有股权上的联系，有的为控股关系，有的只是持股”。这一表述存在明显的矛盾：如果国家电网是控股公司，那么区域电网公司怎么可能是独立运作呢？而且，如果国家电网公司控股区域电网公司，区域电网公司又再控股省电网公司，那么国家电网公司就是省电网公司的母公司。由于国家电网公司和五大发电集团的前身同为原国家电力公司，即使分拆之后，它们之间也必然存在千丝万缕的联系，这样，省电网公司利用其输电的垄断地位对五大发电集团以外的发电企业实行不公平接入不是不可能的。而电监会要真正成为一个强势的管制机构还需要较长的过渡时间，在这以前要对输电网的公平接入实行有效管制相当困难。

厂网分离，竞价上网中存在的问题是有力例证。厂网分开的目的是打破电网公司利用输电环节的垄断地位导致发电企业间的不公平竞争。但这一政策措施并未达到预期效果。厂网分离后，电网企业还保留有部分电厂。虽然在发电环节形成了多元竞争的格局，但电网企业的一家独买造成了发电企业间的不公平竞争。根据实证研究结果，非电网企业保留电厂的发电量和发电效率增长率

① 目前全国从事省级输电业务的企业有31家，跨省输电业务的企业有6家。截至2006年底，两大电网总资产约为15110亿元，其中国家电网公司约为12141亿元，南方电网公司约为2969亿元。

② 张曙光持这一观点，转引自王晓冰：《电力改革方案始末》，《中国改革》，2004年第4期。本书赞同这种看法。

明显落后于电网保留电厂。2002～2005 年，非保留电厂的发电设备利用率平均增长率为 28.7%，而电网保留电厂的发电设备利用率平均增长率为 52.3%[①]。国家电网公司一直在固化和扩大自己的纵向垄断。根据《电力监管年度报告》(2006) 的数据，配电和售电由国家电网公司和南方电网公司两大寡头垄断，约占全部售电量的 89%。此外，截至 2005 年，国家电网公司下属各省级电网公司仍沿用原“省电力公司”的名称，并通过直接投资或通过旗下企业以持股方式涉足发电领域。如贵州金元、江苏苏源、山东鲁能、四川启明星等。

而且，电网垄断经营将阻碍上网电价与销售电价的市场化改革。在目前电网垄断经营的体制下，上网竞价将加强电网垄断，不利因素全部由发电企业承担。在电力行业供不应求时，竞价行为难以发生。在电力行业供过于求时，电力企业就要亏损，在亏损情况下更难以推进电价竞争。电网企业的垄断不打破，销售电价市场化改革目标也会落空。市场化的销售电价中应包括购电成本、输配电价。由于电网政企不分，成本信息不公开，合理独立的输配电价难以计算。

英国也存在国家电网公司，但之所以没有产生像我国这样的垄断问题，一是因为英国改革前的垂直一体化垄断企业——中央电力生产局不如我国国家电力公司的垄断势力大。中央电力生产局只垄断生产与输送两个环节。而我国的电力部及后来的国家电力公司垄断的是包括生产、输电、配电、售电在内的所有环节。二是英国的国家电网公司不具有政府背景。与我国一样，英国的国家电网公司也是对原有垂直一体化的垄断厂商进行纵向拆分的结果。虽然英国国家电网公司最初是由 12 家地区性公共配电公司合资共建的，但后来实现了产权多元化。而我国的国家电网公司却是从政企分开不彻底的组织——原国家电力公司中分离出来的，先天就与政府存在着深厚的渊源。

（四）电监会发挥独立管制机构的职能存在着种种障碍

英国的电力行业改革首要举措就是成立了独立的管制机构——电力管制办

① 黄清：《电力行业放松规制改革政策效果的实证研究》，《山西财经大学学报》，2009 年第 1 期。

公室，改革的一系列措施都是由电力管制办公室和垄断与兼并委员会共同实施的，由此建立起了有效的管制框架。我国在最新一轮的改革中，成立了国家电力监管委员会来主导电力体制改革。这标志着我国政府机构自我改革的旧模式的结束，第一次由政府授权一个独立的部门来实施改革，这与英国相类似。但是，与英国的电力管制办公室自成立之初就能够进行有效管制的情况不同，目前我国的电监会名大于实，要真正发挥独立管制部门的作用，还需要相当长的时间。

1. 定价权的制约因素

1998 年以前，作为电力行业主管部门的电力部，同时承担着企业经营职能。1998 年电力部撤销之后，行业管理职能的一部分划归国家经贸委，审批立项、制定电价政策和核定电价的权力由国家发改委（原国家计委）掌握，财政部则负责制定和监督电力企业的财务制度。行业管理权的过度分散不仅造成了各部门之间的协调难度大、成本高，还产生了其他一些问题。以最重要的价格管制为例，对电价的有效管制有赖于对投资成本和运营成本的核定及监控，是一项技术性、专业性和系统性极强的工作。但电力企业的投资、运营、成本规则及财务监督分而治之的局面造成对电价的管制失去了有效信息支撑，形成了强烈的定价倒逼机制，加剧了电价的不合理。

成立电监会之后，价格管制的职责本应由电监会来承担。但是，目前难以将定价权从国家发改委转移到电监会。这是由于，电价问题相当复杂，仅凭一个行业的管制机构难以完全承担起这一重任。我国集资办电的历史形成了“一省一价”、“一厂一价”甚至是“一机一价”的混乱的价格体系。在电力市场没有充分发育的情况下，近期内难以形成市场定价机制。作为一个基础性产业的价格，电价与其他产业密切相关，电价的变化将对其他行业的价格发生直接的影响，同时，电价也受到水、石油、煤等基础产品价格的影响，从宏观经济全局的角度出发，需要国家发改委这样的宏观调控部门来平衡这些错综复杂的关系。

2. 组织结构与管制体制方面的困境

电监会采取的是三级纵向垂直监管体系：由上至下依次为国家电监会、电监会的派出机构——六大区域电监局（华北、东北、西北、华东、华中、南

方)、有关城市的监管委员会。区域电监局这一结构的设计初衷是为促进区域性电力市场的建立，打破省级间的电力壁垒。但电监会的人员数量，远不能满足我国电力行业主体众多、电力服务量大面广的国情，容易使一些地方出现电力监管真空。此外，电力管制机构以行政管理人员和技术人员为主的人员构成，经济、管理、法律方面人才的缺乏，影响了电力行业管制的有效性[①]。

从管制体制来看，电力行业的管制权由电监会、发改委、财政部、国资委等共同掌握。其中，主要的管制权力在电监会和发改委之间分配。发改委拥有重要的电力管制权——定价权和进入管制权；电监会只有电价调整建议权。这些管制机构共同管制两网与五大发电公司——国家电网公司、南方电网公司、华能集团、大唐集团、华电集团、国电集团、电力投资集团为主的电力企业。这种管制体制设计尤其是发改委拥有主要的管制权力，使电监会从诞生之日起便举步维艰。

3. 独立行使职能的障碍

管制机构的独立性有两层含义：一是管制机构独立于政府的宏观政策制定部门，其决策不受其他政府机构的影响；二是管制机构独立于被监管的电力企业。

一方面，我国电监会不独立于政府的宏观政策制定部门。主要表现在电监会与发改委共同对电力行业行使监管职能。另一方面，我国电监会也不独立于被监管的电力企业。电监会与被监管的国家电网公司同级，被监管的五大发电集团具有很强的谈判力以及对政策制定的影响力。在现行体制下，被监管企业与政府的联系和利益关系，使其可以向政府寻求支持，令电监会受到被监管企业和政府的双重压力。因此，从独立性来看，电监会面临不小的困境。

4. 法律方面的障碍

我国电监会的成立是依据 2003 年国务院颁布的《国务院关于印发电力体制改革方案的通知》，而非法律依据。电力监管主要法律《电力法》于电监会成立之前颁布，在电监会成立后也未及时进行修订，因此并未对电监会拥有的权力做出法律规定。2005 年颁布的《关于明确发展改革委与电力监管委员会

① 王俊豪：《中国垄断性产业结构重组分类管制与协调政策》，商务印书馆 2008 年版，第 227 页。

有关职责分工的通知》第一次赋予了电监会部分实权，但该通知法律效力较小，不能从根本上保证电监会的法律地位。

而英美等发达国家则是先通过法律，再根据法律成立监管机构。管制机构只对议会或国会负责，不受政府行政机构的干预。与英美相比，我国电监会既缺乏成立的法律基础，也缺乏法律授权。

第三节 深化我国电力管制改革的建议

一、关于发电市场省间壁垒的打破

发电市场的市场化通过两个方面实现：一是破除省间壁垒，实现市场进入的自由和投资主体多元化；二是上网电价由竞争机制决定，这一问题将在价格改革中论述。

最新的电力改革通过构建区域市场这一举措来打破省间壁垒，促进发电和售电环节竞争的形成。但是，正如上文所分析的，电力在地方经济中扮演着举足轻重的角色，长期以来实行的“省为实体”的电力体制强化了以省为主的各地方利益。构建区域市场意味着各地方依靠地区壁垒排斥外来竞争，从而获得垄断收益的做法将难以为继。这样，区域市场的构建和运行必然遭遇来自地方的各种阻碍因素。事实上，在组建南方电网时，这一苗头已经初见端倪①。

在地方阻碍因素的作用下，即使省际之间实现联网，近期内的跨省交易量也难有大的增长。这就意味着近期内通过区域市场的大发展来打破省间壁垒是不现实的。现实的选择是加强跨省的区域管制机构的作用，对省际间交易中的公平接入逐步建立起强有力的管制，为区域市场的长远发展奠定基础。明确区

① 据2003年4月5日《财经》报道，南方电网公司是由广东、广西、云南、贵州四省电网组成。以资产而论，应该由广东省控股。但是由于各省的电厂直接关系到各省的地方税收，因此并不乐意接受广东省领导。

域和省管制机构的分工。区域级管制机构的主要职责是管制大区内电力批发市场和跨省输电业务，协调处理大区内跨省事项。省级管制机构的主要职责是执行全国统一的管制原则和管制规则，管制省内的输配电业务和电力零售市场。

二、关于输电网的全国联网问题

在电力行业的各环节中，只有输电网被理论界公认为具有很强的自然垄断性，因而，输电网是电力改革中的重中之重。

如上所述，我国当前在对输电网的处理上是存在矛盾的，一方面保留国家电网公司，强调联网的重要性；另一方面进行区域网划分，成立了区域网公司。实际上，输电网的下一步改革重点并没有被明确。因此，是联网还是发展区域网就成为当前必须明确的问题，它关系到电力行业的长远发展战略。

支持联网的观点认为：我国电力行业至今依然是七八块各自封闭的独立电网，没有实现全国联网，而我国电力资源分布和地区间用电负荷的不均衡，决定了只有通过全国联网实现全国统一的电力大市场，电力资源才能在全国范围内得到优化配置。以南方电网为例，广西、云南和贵州主要依靠水电，在枯水期还需要火电来协调，而广东自身的电力供应不足，因此最佳选择就是将电量富余的福建的电送到广东。如果割裂了国家电网与广东电网之间的联系，广东就可能面临美国加州同样的电力危机①。

支持拆分电网的观点认为：第一，从技术上来看，电网并非越大越好；目前最高的500千伏高压电的辐射半径约600～800公里，超过这一范围就不安全，目前的交流技术尚未解决这个技术难题。第二，我国的电网事实上已经形成了几个跨省的大区网，区与区之间没有连接或者只有很弱的连接。第三，电力地区供求平衡的问题通过区域内的调配就可以解决。在联网的安全性问题没有解决之前，没有必要投入巨额的财力进行跨区的连接②。

从以上观点不难看出，支持联网观点强调电力的安全性和电力资源的优化配置，而支持拆分电网的观点表面上似乎是从技术方面提出与前者相反的理

① 刘纪鹏：《从国电公司改革看我国电力工业发展》，《中国工业经济》，2000年第8期。

② 王晓冰：《电力改革方案始末》，《中国改革》，2004年第4期。

由，其实背后的深刻原因在于破除全国输电网的垄断。笔者认为，安全性固然是电力改革必须保证的基本条件，但是绝不能成为反垄断的阻碍因素。

首先，对全国联网最具说服力的实例通常是美国与英国的反差。从表面上看，就加州电力事故而言，美国电网分割的状况难逃其咎，而英国电力改革的成功又似乎从反面证明了联网的好处。实际上，深入分析则不然。

美国加州电力事故的深层次原因是传统的管制政策不能适应新的市场环境的变化。一是上网价格与零售价格改革不同步。放开上网价格后，仍对零售价格实行控制，造成了销售价格与购电价格的倒挂，致使电网经营无利可图甚至亏损，投资者缺乏投资电网的动力，从而电网老化状况得不到改善，电网十分脆弱。二是电网经营机构与发电企业之间存在串谋行为。发电企业是从原来的纵向一体化的公共电力公司中分离出来的，与电网企业之间存在着千丝万缕的联系。电网运营商不但没有利用其垄断地位要求发电厂商降低成本从而降低上网价格，反而按照“市场价格”购入，并按照与州公共事业委员会的合同价格售出，形成巨额亏损，并通过大面积停电来胁迫州公共事业委员会同意调价，企图恢复发、输、配一体化电力系统垄断定价的传统模式①。

就英国的电力改革而言，即使改革的成功与其全国联网不无关系，这种联系对我国也并没有太多的借鉴意义。英国与我国的情况差别很大，英国的国土面积近似于我国的一个大省，英国全国网的范围最多只能与我国的区域网相当。与全国网相比，在区域网的范围内，电力资源调度不仅在技术上更易实现，而且更为经济。而且，从全国范围来看，我国的电力资源分布情况基本上是西部经济落后，电量富余；东部尤其是沿海地区和某些中部地区的电力供不应求。这样，从大范围上来看，电力资源调度的主要渠道是“西电东送”。“西电东送”这一工程对于调剂电力资源，解决东部缺电问题的作用是应该肯定的。但是，我国东西部空间距离相当大，完全依靠“西电东送”这样的长距离电力传输工程需要投入巨大的资本，而且电力在传输过程中会有损耗，损耗的大小与传输距离成正比。损耗本身就是一种巨大的浪费，损耗额必然加到输电电价当中。这样，本来成本较低，在传输地上网电价很低的电力很可能以高价

① 周勤、张向阳：《美国加州电力危机的成因及其思考》，《价格理论与实践》，2001年第10期。

落地，从而竞争力不如本地电厂的电价。

其次，安全性只是电力改革的制约因素，而降低用户电价，提高电力企业效率才是电力改革的最终目的。这一最终目的只有通过破除垄断，引入竞争机制来实现。输电网的自然垄断性固然决定了全国一张网要比几大区域网并存更节约社会资源，安全性更高。但是，全国一张网存在着现实的障碍和弊端。一是在我国这样大的范围内实现全国联网，目前在技术上难以实现，即使能够实现，也需要投入巨额的人力、财力。二是更为关键的问题，对像我国这么大的全国一张电网实现有效管制几乎是不可能实现的，而且在全国电网公司还拥有20%发电能力的情况下，更有可能造成垄断和地方壁垒的复归。因此，改革目标的实现要求拆分电网。但是，这是否意味着安全性受到挑战呢？正如支持拆分电网的观点所认为的那样，电力负荷的调剂在区域网内基本上就可以实现。当然，这要求按资源优化配置和“西电东送”的格局来划分电网①。

综上所述，一方面，从安全性的角度出发，我国应该吸取美国的教训，不搞完全割裂的区域网；另一方面，改革的最终目标要求破除全国电网公司的垄断，发展区域网。这样，同时满足以上两方面要求的输电网的改革战略必然是，由国家电网公司完成全国联网建设的任务后（当然，这一阶段性任务需要很长的时间），按资源优化原则将国家电网公司拆分为几大区域网。具体来说，我国输电网改革的长远目标是取消全国电网公司，将其转型为电力管制机构。将现有的几大区域性电网再进行重组，借鉴“0+4”模式的思路，按资源优化配置和西电东送的格局将全国电网重组为4～5个的区域性电网。同时，考虑借鉴美国的ISO模式，将区域性电网的所有权与经营权相分离，电网只作为中标公司存在，如果电网经营不善或背离管制，就可以取消电网经营权，通过招投标引进新的公司行使电网经营权。

在近期和中期内，国家电网公司的主要任务是负责全国网络连接的建设，为以后区域性电网的进一步重组打好基础，提高电力改革的安全性。

① 2002的改革方案确定以前，曾经提出所谓“0+4”的改革方案作为备选，即按照国家电力资源优化配置和“西电东送”的格局，组建东北、北方、长江和南方四大电网公司。本书认为，这一方案的思路从长期来看是可行的。

三、关于价格管制

（一）上网电价从部分管制到放开竞争

市场化是发电电价改革的最终目标，上文的分析表明，解决体制转换成本是实现这一目标的前提。其实，体制成本问题在发达国家的电力改革中也是存在的。电力市场引入竞争的最终目标是降低电价和提高服务。由于竞争下的电价将低于原来的管制价格，可能使一些电力企业原来投资项目的回收能力减弱，投资难以甚至不能回收。由于体制变迁造成的这种损失就是体制转换成本，这一成本实际上反映了新旧体制的效率差。从美英等发达国家的经验来看，管制机构一般通过资产出售、差价合约、债务重新分配、税收、补贴来消化体制转换成本，对方案的选择取决于具体情况和各种方案优劣。

此外，还应该加快区域间联网，促进区域间电量交易的扩大。区域间联网，以及区域间电量交易的增加意味着需求和企业竞争范围的扩大，从而将抵消或减少经济不发达地区的电厂因竞价上网而对自身以及地方经济产生的不利影响。

不仅如此，美国加州的电改教训也说明，在终端用户电价没有放开的情况下，先放开发电环节的价格竞争，将对电网的经营和建设十分不利，从而诱发不安全因素。

长期以来，我国电力建设一直存在“重发轻供”的观念，电网建设滞后。目前电网企业均面临不同程度的经营困难，负债率高，电网建设资金来源不足。而近些年，电力供应在我国不少经济发达地区出现了供不应求的局面，如2001年南方几省频频拉闸限电。如果马上放开上网竞争，有可能出现上网价格上涨的局面。这样将加大电网经营的困难，电网投资也更加缺乏吸引力，这不利于电网的改造和巩固，从而可能引发潜在的不安全因素。因此，过渡期仍需要政府对上网价格进行一定程度的管制。

一种可行的方法是实行部分竞价，改进当前的两部制电价并加以推广。两

部制电价是将电厂的电价分为基本电价和容量电价。改革的方向是基本电价比重逐步减少，容量电价的比重逐步增大。基本电价反映的是发电的容量成本，由国家规定。不论所发电量多少，电网都必须支付。这就基本上保证了投资本金的按期回收，从而继续促进投资者投资于电力工业。容量电价以电厂的运营成本为基础。在容量成本的收回由国家予以保证后，电网将按照发电企业的报价，择低调度上网电量。技术先进、管理状况良好的电站，运行费用较低，即使在低谷时段，也可以较低的价格竞争上网，从而获得较多的发电利润。而技术落后、管理差的电站，由于运行费用较高，就只能在尖峰或平段上网，所获利润也必然较少。这不仅会迫使发电企业提高效率，而且也有利于电网贯彻微增成本调度原则，缓解尖峰时段的供求矛盾。

另外，还可借鉴美国加州的做法，设置电价过渡期加价（CTC），这种方法可以消化体制转换成本。每个参与竞价的独立发电厂均按单一的电量电价方式进行竞价，同时，对未来电力市场的发电价格进行预测，对于每个可能产生体制转换成本的发电厂，分别由政府核定体制转换成本；按照政府规定的过渡期，如3～5年，将体制转换成本折算成过渡期差价，并随终端用户的用电量计算差价电费，在电价之外进行回收。这样既能使独立发电商以全部成本在市场中进行全面竞争，竞争方式简单；又能在一定程度上保证投资者利益，同时对用户负担影响不大。

（二）输、配电价管制从投资回报率过渡到价格上限

输电、配电的技术特点相似，两个环节的定价方式基本相同。与过去为各国普遍采用的投资回报率相比，价格上限管制在促进企业提高效率方面具有明显的优势。

但近期内我国还不具备实行价格上限管制的条件，而且，为了保证改革的稳定性，应该继续采用较为简易的投资回报率法。制定独立的输配电价，应建立系统规范的电网成本审核制度，不仅是确定独立的输配电价的必要条件，而且也是实现投资回报率法政策初衷的制度前提。加强对成本的审核，采用长期边际成本法确定各电价等级总水平，以净资产回报率为基准。

在技术条件许可和市场成熟时，在配电和售电环节也可引入竞争。英国和

美国等发达国家已经开始实施。由于经济技术条件的差异，我国可考虑分阶段逐步实施。

（三）销售电价逐步过渡到以市场竞价为主，逐渐取消交叉补贴机制

对销售价格可以逐步由管制过渡到由市场机制决定。在管制时期，应当吸取美国加州停电事故的教训，销售价格和上网价格的变化应该尽量同步。价格要能够反映成本和供求的关系，使企业通过努力可以盈利。因此，要增加价格管制的灵活性，既能反映成本变化又能体现效率原则。

市场化的销售电价是以电网垄断的破除、交叉补贴机制的取消、竞争上网机制的建立为前提的。这些方面的改革错综复杂，相互牵制，是一项系统工程。而且，由于电力行业在国民经济中占有举足轻重的地位，电力行业的安全可靠运行是国民经济稳定发展的必要保障。销售电价的变化涉及面广，对社会经济影响大。因此，销售电价的市场化改革将是一个长期的过程。销售电价的改革可以分为两个阶段，中短期的任务是要改变当前各类用户电价与其供电成本严重背离的现象，使用户电价基本反映供电成本。以用户用电负荷特性为主来划分用户类别，调整两部制电价实施范围和基本电价与容量电价的比例关系。

长期可考虑将配电和零售环节分开，通过建立零售商制度实现竞争。可以模仿英国的模式，建立两个层次的供应商。第一个层次为同时经营电网业务的零售商，称为特许零售商，它必须为独立的销售商提供无歧视的电网接入服务。第二个层次为无电网业务的独立零售商，一个地区允许多个独立零售商存在。

短期内取消销售电价的交叉补贴机制改革是不现实的，可以考虑分三个阶段逐步实施：第一阶段为直购电试点阶段。在这期间大用户承担的输配电费中仍包括交叉补贴的部分，但要避免大用户直购电成为针对特定用户的优惠。大用户参与市场时，可以将输配电价和交叉补贴捆绑在一起。第二阶段是在建立较合理的独立输配电价后，用明补代替暗补，通过对销售电价征收附加费建立交叉补贴基金。第三阶段是在电网垄断打破之后，取消交叉补贴，对居民生活电价给予直接的财政补贴。当然，销售电价改革的最终方向

是价格由市场竞争决定，当销售电价最终能够市场化，交叉补贴机制也就自然无法存在了。

四、关于管制机构

（一）定位

近期内，电监会将同时扮演电力行业的管制者与改革的协调者两种角色，这是由改革的复杂性决定的，但这并不能否定电监会应该逐步过渡到独立的管制者。

虽然角色的转换需要较长时间，但是在近期内，发达国家的某些做法仍然是值得借鉴的。一是管制程序。接受公众的监督是解决对管制者实施监督的有效方式。为此，管制机构有责任将国家有关的法律、法规、政策、管制程序、管制决策等公布于众，广为宣传，并在管制过程中贯彻公众参与原则。例如，举行听证会，建立咨询委员会，邀请被管制企业、用户代表、专家学者参与协商。另外，制定有关电力行政复议和行政争议处理办法。二是机构的经费来源，从发达国家的具体做法看，有两种不同的经费渠道，财政预算拨款和向被管制企业收取特许权使用费。

（二）管制权的分配

美国的电力管制由联邦和州管制机构共同参与，管制的方法也不统一。州与联邦的管制衔接不好，影响了加州电网与其他地区电网的联系，这是导致加州停电事故扩散而未能及时被控制的原因之一。相比较而言，英国的电力管理是全国统一的，因此，在改革过程中，就不存在由于分散管理而造成的不协调。

美英管制模式的差别是由不同的政体决定的。美国是联邦制国家，州的自主权很大。由联邦政府提出总体思路，具体的改革和引入竞争的程序则取决于各州的立法。而英国中央政府的集权程度要高得多，改革前其电力行业就是由政府垄断，实行全国统一管理，改革后则延续中央政府统一集中式的管制模式，这样有利于改革的平稳性，减少转换成本。

考虑到我国的政治体制，应该借鉴英国的做法，坚持统一集中的管制原则，中央—区域—省三级管制机构执行统一的管制原则和方案。当然，由于各地区经济和电力工业发展存在较大的非均衡性，在具体的方法上可有所差异。

第九章　我国市政公用事业特许经营管制

第一节　发达国家市政公用事业特许经营的理论与实践

一、市政公用事业特许经营的理论

市政公用事业的特许经营，是指政府依据相关法律通过招标等竞争机制选择投资者或者经营者，并在一定期限和范围内授予其垄断经营某种市政公用事业产品或服务的形式。特许经营是政府放松管制、引入公用事业产品提供的竞争机制和混合提供机制的一种常见的途径。为了保证公共利益，防止特许经营企业滥用其垄断权，同时又能够以较高的效率提供产品或服务，政府对特许经营企业需要实施管制。但这一管制的形式比较特殊，通常是由政府与企业通过合同的形式来约定特许经营期限、价格水平、产品与服务质量和标准、财务核算方法、特许经营权变更等事项。

可竞争市场理论是特许经营制度的理论依据。尽管特许权经营者获取了特许经营期内的垄断地位，但基于竞争机制产生的特许权合同条款将对其可能实施的垄断行为进行限定，而且特许合同的存在意味着它仍然面临着潜在的竞争，因此它不会攫取过高的垄断利润。因此，通过特许权的竞争，既避免了重复投资与建设，实现了垄断经营下的规模经济，又尽可能地维护了公共利益。

从理论上来说，尽管特许权经营模式能够提供一种兼顾规模经济与社会福利的机制，但是，对特许经营者的管制存在着一些困难，使得这一模式的实践效果在一定程度上与其初衷相背离。

首先，特许经营管制最大的难题就是信息不对称问题，突出表现为管制者与特许经营者签订特许经营合同时，无法预断特许经营期限内可能发生的影响到条款内容的环境与政策变化，从而市场均衡无法实现。以价格为例，特许权合同谈判最为核心的问题就是价格。合同中约定的价格虽然在合同签订当时是一个均衡价格，但是如果市场成本与需求发生了变化，那么对于特许经营者来说，亏本或获利过多两种情况都有可能。无论哪种可能性成为现实，对消费者的利益都是不利的。厂商的亏本影响到提供产品或服务的持续性或质量，而获利过多是对消费者福利的损害。解决以上问题有两种办法，一种是在特许经营合同中增加关于应对不确定因素影响的条款，例如设置定期的价格核定与价格调整机制；另一种是缩短特许经营的期限。但是，无论哪种方法仍然存在着比较明显的缺陷。第一种方法大大增加了管制的成本，第二种方法对于某些投资成本高、建设经营期较长的项目来说不可行，而且也不利于公用事业产品与服务提供的稳定。

其次，特许经营期将结束时，特许经营者可能实施败德行为。例如网络设施维修的意愿减弱、服务质量的下降、产品或服务提供的中止等。

此外，由于特许经营权能为企业带来垄断经营的利润，因此不可避免地成为设租与寻租的目标。

二、市政公用事业特许经营的实践

西方发达国家在放松管制、引入竞争的改革浪潮中，纷纷在本国的自然垄断各行业中引入或推广特许经营模式，使得特许经营一时间甚至成为以市场化为特征的管制改革的代名词。

在实践中，特许经营的模式包括出售、租赁、建设—经营—转让

(BOT)，租赁—建设—经营（LBO)，购买—建设—经营（BBO)，建设—经营—转让（BTO)，建设—拥有—经营—转让（BOOT)，建设—拥有—经营(BOO)，转让—经营—转让（TOT)。以上各种特许经营模式中，除了出售和租赁以外，其他几种模式都是由BOT模式衍生而来的。

一个典型的特许经营项目的主要参与者包括政府、项目公司、投资人、银行或财团以及承担设计、建设和经营的有关公司。

政府是特许经营项目的控制主体。政府决定着是否设立此项目、是否采用特许经营方式。在谈判确定特许经营项目协议合同时，政府也占据着有利地位。而且，政府还有权在项目进行过程中对必要的环节进行管制。在项目特许到期时，政府具有无偿收回该项目的权利。

项目公司是特许经营项目的执行主体，它扮演着中心的角色。所有关系到BOT项目的筹资、分包、建设、验收、经营管理体制以及还债和偿付利息都由项目公司负责。大型基础设施项目通常专门设立项目公司作为业主，同设计公司、建设公司、制造厂商以及经营公司打交道。

银行或财团通常是特许经营项目的主要出资人。对于中小型的特许经营项目，一般单个银行足以为其提供所需的全部资金，而大型的特许经营项目往往使单个银行感觉力不从心，从而组成银团共同提供贷款。投资人是特许经营项目的风险承担主体。以投入的资本承担有限责任。尽管在原则上BOT项目风险应由政府和民营机构分担，但实际上各国在操作中差别很大。

20世纪80年代以后，美国政府开放了电信、航空、铁路、电力、供水等领域，引入了多样化的特许经营方式，包含BOT、BOO、DMT等多种形式。

英国的基础设施特许经营制度大规模兴起于20世纪80年代，最初的目的是为市政公用事业融资，减轻政府财政压力。1992年提出着力推动PFI模式，当前已成为英国基础设施特许经营的首选模式。PFI模式是指政府通过项目招标的方式确定民间投资主体，由后者负责项目的融资、设计、建设与运行。政府在授权期限内，每年以财政性资金向项目经营方支付一定的使用费或租赁费，授权经营期结束时，民间投资主体无偿把项目给政府。

法国公用事业特许经营制度雏形在17世纪就已出现，20世纪70年代以来逐渐形成了成熟的理论体系和实践模式。委托管理是法国比较典型的一种特许经营模式，具体内容是由政府按照法定程序，在公平竞争的基础上，选定一家公共企业或私营企业，负责对城市基础设施建设进行管理，独立经营、自负盈亏。企业运营过程受政府部门监督，政府与企业之间是严格的合作关系。另外，法国的特许经营合同内容比较灵活，针对某一特定时期的特定问题其特约合同的组织结构、合同内容和技术手段等都有极大的可变性。

与英法等国相比，德国公用基础设施市场化改革的时间较短。目前，城市公用事业还是以社区公用为主导。其中，一半以上的城市交通、供电、供水、污水处理、垃圾处理企业仍然由国家所有。但是，尽管起步较晚，德国公用事业特许中的公法企业制度较有特色。公法企业是政府设立的特殊目的机构，是独立法人，其组织机构、人事和资产都是独立的，运作规则由公司章程加以规定，但政府对其承担无限责任。

我国从 20 世纪 80 年代开始在市政公用事业改革中引入特许经营的模式。这一模式的引入，改变了过去市政公用事业由政府独家投资、独家建设和独家经营管理的体制，逐步形成了在政府统一规划和管理下，多元化投资、多模式运作和社会广泛参与的新体制；打破了行政垄断，促进了竞争经营格局；同时，推进了政府职能的转变，促使其管制水平的提高。

三、公用事业民营化与政府管制的必要性

长期以来，市政公用事业被视为市场失灵的范畴，基本上由政府所有和垄断经营。即使是在市场经济最发达的美国，私人经济在市政公用事业中的作用也一度轻微。但自 20 世纪 80 年代以来，世界范围内却逐渐掀起了一股公用事业民营化改革的热潮。随着市场经济体制改革的不断深化，在这股热潮的推动下，我国市场公用事业民营化改革的步伐也日渐加快。市政公用事业民营化改革的不断深入表明，私人经济和市场机制在公用事业领域将扮演越来越重要的角色，这就可能使人们产生这样的疑惑：民营化是否意味着从过去的政府完全包揽转向政府全面退出？如果答案是否定的，那么，需要明确的问题是，公用事业民营化后，是否仍然需要政府强有力的管制？以下将从理论上对这一问题进行分析和梳理。

（一）市政公用事业的混合产品性质与政府管制

市政公用事业属于地方性混合产品。就受益范围和对象而言，主要是某一个地区的所有居民；就消费的竞争性和排他性而言，它既不像纯公共产品那样具有完全的非竞争性和非排他性，例如，交通、用水、用电都存在竞争性，在高峰时段表现尤其明显，供水供电在技术上也可实行排他；同时，又不同于纯私人产品，有些市政公用事业还是具有较明显的消费非竞争性和非排他性的，例如道路、公共桥梁。世界银行按照公共性的强弱，对市政公用事业进行了以下分类：第一类，地方电力分配的竞争性和排他性都比较强，属于私人物品；第二类，城市间的高速公路和高压输电网竞争性较弱，几乎不发生拥挤，但是排他性强，可以通过收费获得投资回报，属于价格排他的公共物品；第三类，城市环卫、交通标志和农村道路的竞争性和排他性都较弱，接近于纯公共物品。

（二）市政公用事业的自然垄断性与政府管制

许多市政公用事业都具有网络特性的基本特征，它们通过传输网络才能向消费者提供产品和服务，例如公路、电网、光缆、水管、气管等。除了具有网络投资的规模经济效应、网络资产的沉淀性与专用性、网络的外部性与内在协调性内部协调性决定了市政公用事业传输网络具有较强的自然垄断性。这一性质在公用事业的市场化改革之后仍然存在，因此，政府管制依然是必要的。

此外，市政公用事业市场化之后将出现的一个新问题是，垂直一体化的原有厂商为了削弱对手竞争力，必然凭借其掌握网络的优势，而向上游的竞争性厂商设置接入障碍，从而使得市场机制无法在放开竞争的上游环节发生作用。因此，保证公平接入，营造公平竞争环境，也是市政公用事业市场化政府管制的重要任务。

（三）经济转型的特征与政府管制

以上论述的关于政府管制的必要性主要是由公共产品、外部性、自然垄断理论得出的，在经济学中，公共产品、外部性和自然垄断都被归为“市场失灵”的表现，从这个意义上说，政府管制的理由是为了克服市场失灵。应该说，这个理由具有普遍性，既适用于市场经济成熟的发达国家，也适用于像我国这样正在向市场经济转型的国家。然而，毕竟我国仍处于转型阶段，我国当前的市场经济发展状况与发达国家有着很大差别，因此，探讨政府管制的必要性，除了要考虑普遍因素以外，还必须考虑到特殊性，尤其是制度特征对政府管制提出的要求。

在我国，有三个显著的制度特征与政府管制的必要性密切相关：一是经济制度的转轨，二是从垄断到竞争的转变，三是企业国有产权下的企业行为扭曲。

从第一个方面来看，市场经济是一个制度体系，包括独立的司法系统、有力的执行机构、有效的市场管制体制和完善的审计手段等，只有依靠这些制度，才能保证交易合同得到有效的执行、市场秩序得到规范化、市场信息得到充分的披露。与许多发展中国家和转轨国家一样，我国现阶段经济体制最典型的特征是市场经济制度的基础比较弱，因此，常常出现市场秩序比较混乱，管制不够有效的问题。由此导致“一放就乱，一乱就收”的恶性循环。为了保证转型的平稳进行，政府管制是一个重要的制度保证。当前市场经济体制的改革更多强调政府的放权，但并不能因此否定政府对经济的有力干预。不过，在转型过程中，需要重新界定政府在市场经济中的职能，实现政府职能的转变，即从过去的行政干预转移到公平执法和市场管制上来。

从第二个方面来看，在从垄断向竞争的过渡中，即使已经引入竞争，仍有必要保持政府管制。最主要的原因是，一方面，有效竞争还没有充分形成；另一方面，缺乏制度环境。在公用事业垂直一体化结构非自然垄断环节引入竞争后，很多国家取消了对这些环节的政府管制，但这样做的前提是，是可以利用其他反垄断政策进行管制，同时拥有健全的法制和高水平的审计机构。而我国目前既没有建立起相对完整的反垄断体系，法制环境也有待改善，审计手段、水平都较为落后。这样，为了保持有效竞争能够形成，即使在这些环节引入了竞争机制，仍有必要在一定时期内保持政府管制，保证从垄断到竞争的平稳过渡。

从第三个方面来看，我国的政府管制还面临着企业行为的扭曲问题。虽然

从根本上解决这个问题要靠深化企业改革，包括建立现代企业制度、构造法人治理结构以及产权多元化等，但企业改革是一项长期的任务。因此，在这种情况下，有效的政府管制可以减少这种扭曲带来的影响。

如上所述，市政公用事业的网络环节具有很强的自然垄断性，因此仍需保持垄断。同时，其他环节也不能完全放开，任由企业随意进入，过度进入必然恶性竞争。尤其是在产权改革没有到位的情况下，国有产权的软预算约束使得企业只考虑盈利的前景，很少考虑到进入的沉淀成本，这样，企业很有可能会过度投资建设生产能力，并且不计成本地投入价格战，甚至进行恶性竞争。在这种情况下，政府可以发挥一定的积极作用，包括防止无效率的市场准入、防止垄断定价、防止恶性竞争。既要防止垄断定价，又要防止恶性竞争看起来好像是矛盾的，因为垄断定价是企业确定较高的价格，而恶性竞争是定低价，但在企业行为扭曲时，这两种情形可能共同存在。实际上，这正是我国管制有别于发达国家管制的一个重要方面。

第二节　我国市政公用事业特许经营管制的分析

一、进入管制存在的问题

（一）审批制度与程序不尽合理

不少地方的特许经营项目从立项到建设阶段开始之前需要经过两次审批。第一次审批是立项与实施方案审批，第一次办理审批的主体通常是行业主管部门，审批的部门涉及规划、土地、建设、环保、财政等行政主管部门。第二次审批是特许经营协议签订后，由特许经营者即项目公司为主体办理，负责审查的仍是上述各行政主管部门。

按照《行政许可法》，特许经营项目经政府推出之后，应被视为政府同意项目，不需要再办理行政审批手续。然而，从现行特许经营项目的实施程序来看，项目公司办理审查手续是有必要的。因为虽然项目实施方案已经得到了各行政部门的批准，但是，实施方案与特许经营协议关于项目实施内容的深度不一样，从最初的项目可行性研究到项目的实施方案，再到特许经营协议，有关项目实施的内容是逐步细化的。虽然项目可行性研究与项目实施方案已经通过了相关部门审查，却不代表特许经营协议不会存在与可行性研究或实施方案不符之处。因为目前的做法是，各行政部门并没有参与项目招标、评标的过程，所以，从各行政主管部门的角度来说，它们很难保证特许经营协议没有问题。在特许经营协议签订以后，项目建设之前，再对项目公司进行一次审查，是为了防范建设、运营阶段出现问题，防范失职。

虽然在项目实施程序中以项目公司为主体办理有其合理性，但是，这样的审查存在比较明显的问题，从而影响到特许经营项目的顺利实施。

首先是审批的实质未变。根据 2004 年 7 月的国务院发布的《关于投资体制改革的决定》，非政府投资项目审批程序，由原来的审批制改为核准制和备案制。实行核准制的项目，企业仅需向政府提交项目申请报告，不再经过批准项目建议书、可行性研究报告和开工报告的程序。但是在实际操作中法律没有完全落到实处。名为核准或备案的项目，在有的行政部门那里依然采取以前审批的做法，或形式虽变了，却没有实质变化，属于变相审批。

其次是结果的不确定性。在中标者确定了之后，投资者只能先与政府草签合同即特许经营协议。正式的合同必须要等中标者办理完相关的审批手续，成立项目公司后，才能与政府签署。也就是说，中标者通过审查是其与政府签订正式合同的前提。但是，有关政府部门在审查后提出的意见可能与草签的合同存在冲突，如果冲突无法协调，就会导致正式的合同无法签订，从而特许经营项目的实施中断，投资者在之前付出的成本也就付之东流。

（二）强制性招投标制度依据不足

2002 年，建设部出台的《关于加快市政公用行业市场化进程的意见》明确规定，市政公用行业的工程设计、施工和监理、设备生产和供应等必须从主业中剥离出来，纳入建设市场统一管理，实行公开招标和投标。许多城市在市

政公用事业投融资体制改革中，引入了市场经济的公开、公平、公正、竞争的原则，在建设环节全面地推行了招标制，规定一些投资额较大的项目在勘察、设计、施工、监理和重要设备材料采购等环节必须对社会实行公开招标。可见，实行强制性公开招投标，是为了克服原有投融资制度下建设、施工、监理等各环节的行政干预和暗箱操作的问题。

尽管对于一般的商业性建设项目而言，公开招投标有助于防范竞争不公和腐败，但是，对于市政公用事业特许经营项目来说，这种强制性招标的要求并不合理。

首先，需要澄清一个认识上的误区。对于政府投资的项目而言，由于旧的政府投资体制中存在不透明、暗箱操作的弊端，因此，在所有环节强制采用招投标是十分必要的。而对于民间投资的特许经营公用事业项目而言，其特许经营者本身就是通过招投标方式确定的，再对这样的投资运营者在相关环节上强制适用招投标显然是重复之举。对于建设过程可能存在的暗箱操作与腐败问题，根本的防范之道不是强制性招投标，而是通过特许经营者约定相应的义务条款和严格的管制来约束。

其次，从法理上来说，市政公用事业项目的特许经营者一旦被授予了特许权，它的行为就不应再受招标法或采购法的约束，它有权决定履行合同义务的方式，有权决定生产设备的提供者，有权决定工程的建设或运营的主体。例如，法国法律规定公共工程的特许经营合同涉及的工程不需要招标。

最后，根据地方法规，市政公用事业特许经营项目的投标方可以是联合体[①]，联合体的合法性与强制性招投标的要求存在矛盾。政府之所以允许投标方以联合体形式存在，其初衷是鼓励各类专业实体通过联合实现专业优势互补，以提高投标者的整体竞争力。根据这样的出发点，如果中标者是联合体，那么其内部的专业公司应该拥有获得采购、建筑、设计等合同的优先权而无须通过公开的市场竞争即公开投标。否则，联合体就违背了其成立的初衷。

此外，强制性招投标程序是费时费力费财的，使得项目程序变得复杂，增加了特许经营者的负担，提高了整个项目的费用。

① 联合体一般是由投资、建筑、设计、咨询等各类专业公司组成的投标者。

（三）特许权使用费征收缺乏依据

特许经营权使用费是政府凭借特许权授予人的身份向特许经营者收取的费用。目前有关市政公用事业特许经营地方法规明确规定政府有权视情况收取或减免特许经营权使用费①。判断政府收取特许权使用费的做法是否合理，需要界定这一费用的性质。分析表明，政府收取特许经营权使用费缺乏明确的法理和经济学依据。

首先，从法理上看，规定特许经营者向政府缴纳特许经营权使用费，使得政府与特许经营者之间确立了以特许经营权为标的的买卖关系。但是，特许经营权源于政府的行政管辖权，它与商业特许经营权不同。商业特许权源自特许经营者拥有的知识产权、品牌等无形资产，可以在市场上自由买卖。而市政公用事业特许权源于政府的行政权，属于政府的权利和职能范围，不能在市场上买卖。尤其是先将公众赋予的权利出售给特许经营者，再让公众从特许经营者那里购买因支付特许经营权使用费而加价的服务或产品，这种逻辑在理论上难以成立。

其次，从经济学角度看，政府收取特许权使用费，表面看政府获益了，但特许经营者会将这部分成本转移到产品或服务价格当中，让公众承担。如果公众拒绝承担，即拒绝涨价，最终还得由政府补贴。

还有一种观点认为，政府有权收取市政公用事业特许权使用费基于其承担了监管职责。在具体收费标准上，应以进入特许行业的经营者获得的超额收益为特许权收费的上限。这种观点在理论上是不成立的。对于市政公用事业的监管部门而言，其监管职责并非特殊的职责，只是公共管理职责的一种具体形式，政府行使公共管理职能的经费应该由财政部门从财政收入中做出统一安排。否则，所有负有管理职责的部门都有权收取特许经营权使用费。

① 建设部2004年颁布的《市政公用事业特许经营管理办法》中没有关于特许经营权使用费的规定。目前各地方法规中都有征收特许经营权使用费的规定，但在实际中，基本实行了减免政策。

二、价格管制存在的问题

（一）定价的方法缺乏科学性

市政公用事业产品或服务的价格关系到投资者与消费者两方的利益，是特许经营协议中核心问题之一。定价过低将直接损害投资者利益，不仅不利于吸引民间资本投资，最终还可能造成项目经营失败而损害消费者；定价过高则意味着政府风险和守信成本提高，20 世纪 90 年代国内许多 BOT 项目与外商出现的纠纷，都是由定价过高导致政府无法履约造成的。

在目前普遍采用的预测成本加给定投资回报率的定价方式下，价格的水平主要由成本与投资回报率两方面因素决定。就成本而言，由于缺乏标准，政府对成本的预测往往不够科学合理，造成价格失真。如果成本估算过低，投资者可能遭受损失，甚至会造成招标时的恶性价格竞争。有的地方政府在特许经营招标时，只看重价格因素，为了减轻地方财政与消费者的负担，往往会选择价格和成本较低的投标者。但是，有的投标者所给出的低价格与成本没有经过科学充分的论证，在特许经营的实施阶段不能实现，导致政府为了保证项目能够正常持续的运营，反过来还要提供补贴或允许特许经营者提价。如某市的垃圾处理特许经营项目，某企业以较先进环保的垃圾处理技术和明显的低价优势中标。但项目运营不久，该项目因价格难以弥补成本而几乎中止。其原因是计划采用的技术与设施配套没有实现，再加上遇到了原材料价格上涨而引起成本上升，计划的低成本未能实现。这其中固然有企业自身的原因，但如果地方政府相关部门事先能够认真审查企业明显偏低的报价，并提出质疑或否定，该项目就可以避免因为收益过低而中止运营。

就投资回报率来看，投资回报率反映的是在融资方案已经确定的前提下，项目的权益资本能够为投资者带来的资本增值率。尽管现在的市政公用事业特许经营协议中一般不直接规定投资回报率水平，但由于它决定了投资者的核心利益，因此，政府与投资者谈判的许多内容都是围绕着投资回报率水平而展开的。政府希望尽可能压低投资回报率，从而降低公共产品与服务的价格。投资者则希望尽可能地提高投资回报率。如果不考虑双方的谈判技巧，投资回报率的期望值主要受到两方面因素影响。一是机会成本。也就是如果不投资于市政公用事业项目而是其他领域，经营者可获取的投资收益。二是风险贴现。投资风险越高，越需要提高回报率。政府在将市政公用事业项目推向市场时，如果希望降低投资者对投资回报率的要求，从而降低服务或产品的价格，使广大消费者受益，就应该尽量做出减少各类风险的安排，以降低风险贴现。

（二）价格调整机制有待完善

除了定价以外，成本的变动和价格的调整是市政公用事业项目实施特许经营的一项重要的内容。温和的通货膨胀是经济增长中的一种常态，特许经营项目在建设运营期内因物价水平上涨而导致成本上升，是难以避免的。尽管特许经营者可以通过提高生产技术和管理水平来消化一部分成本压力，但消化的程度和速度依行业不同而出现很大差异。如果缺乏事先安排好的调价机制，投资者利益和项目运营的持续稳定都会受到影响。如某市垃圾处理项目，虽然项目中断与事先的定价较低存在直接的关系，但如果项目运营时特许经营者能够根据实际情况及时调整其价格，项目仍然可以正常运营。但是，由于特许经营协议中没有约定调价机制，导致投资者利益受损，项目进展受阻。

三、管制机构实现职能的阻碍因素

政府职能分工不清是我国政府管理体制中长期以来固有的弊端。职能分工不清，导致实施特许经营的任一个环节都可能出现问题。

在招标、谈判或签订协议阶段，代表政府进行谈判的部门不是固定的或法定的，有时候是行业主管部门，有时候是综合性的管理部门，有时候又是一个临时性的管理机构，导致投资者无法准确判断其谈判对象是否具有合法资格，所做的承诺能否兑现。

在履行协议的阶段，一旦出现问题，往往出现哪个部门都可管，但哪个部门都又没有足够的权限解决的局面，从而导致项目搁置，企业受损。本来投资人遇到政府承诺不能兑现或相关部门不履行职责的情况时，可以通过政府部门

间的协调来解决。但是，由于目前政府间的权力分割现象突出，部门间缺乏有效的沟通、协调机制，因此，投资者除了诉诸司法手段以外，没有一个更好的纠纷解决机制。政府各部门、各层级之间职责界定不清、分工不明确，难以协调，使得投资者实际上面临着诸多的不确定性，即使政府事先所做的承诺再好，也必然无法实现。

四、受管制的特许经营者的负面行为

（一）恶意退出影响项目正常运营

市政公用事业产品和服务是人们进行正常生产和生活的必需条件，其供给必须满足稳定性、连续性和安全性。但是，有的特许经营者进入基础设施领域的动机比较复杂，为了达到不正当获利的目的而影响到供给的稳定性、连续性、安全性。投资者的这种行为可以归纳为恶意退出。在实践中表现为特许经营者获得项目的特许经营权后，不按协议履行义务，而是向他人高价转让项目以获取厚利，或者是在运营初期牟取不当利益后再转让项目甚至是消失。

（二）垄断经营阻碍特许经营的实施

国有垄断经营体制对市政公用事业特许经营的监管提出了非常严峻的挑战。特许经营实质上是一种界定政府和特许经营企业两者与公共产品提供相关的权利与义务的制度安排，因此，将国有垄断企业纳入到这一安排中来，是改变过去行业主管部门相对于国有垄断企业处于弱势地位，促使国有垄断企业提高效率，更好地提供市政公用事业产品与服务的一个有效途径。在这一制度安排之下，虽然原有的国有垄断企业仍然是独立经营的市场主体，政府不能对其进行直接的行政干预，但作为特许经营者，垄断企业必须在价格与成本、产品和服务的质量、安全、公共设施的维护等方面接受政府管制。与没有实行特许经营相比，企业的压力明显加大了，自由裁量权的行使也将受到严格的约束，因而可能阻碍特许经营的实施。如某市供气实行的是国有企业垄断经营为主的模式。垄断经营体制对特许经营的实施造成了比较明显的障碍。该市下属某区政府有意在区内实施供气的特许经营，使负责本区供气的某公司成为特许经营者。但由于市区的输气管网属于市供气公司所有，区供气公司必须先向市供气公司购气，再在区内供气。由于该区公司在购进价方面受到市公司的挤压，经营状况不佳，需要区政府补贴，从而区内特许经营项目难以实施。

如果市政公用事业项目的特许经营者是原垄断企业，那么对于政府管制部门而言，运营管制是一个难题。面对一个有着深厚政府背景的国有垄断企业，管制部门对价格与成本、产品和服务的质量、安全、公共设施的维护等实施有效管制是比较困难的。

第三节 完善我国市政公用事业特许经营管制的建议

为进一步改善市政公用事业特许经营，保证公用事业产品或服务的有效供给和高效运营，维护投资者和消费者利益，减少政府的损失，针对上文分析的问题，提出以下政策建议。

一、改造审批流程

一方面，现行的项目实施程序下，项目公司办理审查手续有其必要性；另一方面，从简化程序和降低项目不确定性的要求来看，项目公司办理审查手续不是一种非常合理的制度设计。这是一对明显的矛盾，这对矛盾实际上反映出现行特许经营项目实施程序的不合理之处。只有解决了这对矛盾，才能够使特许经营项目的审批程序在与国家投资项目建设审批体制的统一框架内，最大限度地降低投资者面临的不确定性与投入成本。

对于实施市政公用事业特许经营项目，应严格按照《关于投资体制改革的决定》的规定来实施审查。同时，为了避免再审造成的不确定性，地方法规可以规定，有关主管部门的审查结果不应当导致特许经营协议内容发生实质性变

更。还可以考虑让各行政部门参加项目招标、评标的过程，这样特许经营协议签订阶段的审查与立项阶段审批结果不一致的可能性就会大大降低，从而既保障了特许经营者的利益，也保障了特许经营的顺利实施。

二、建立争端解决机制

市政公用事业项目投资运营周期长，特许经营协议中不可能事先考虑到所有的问题，其间出现未预料的问题是十分正常的，出现问题难免就有争端。妥善地解决争端是市政公用事业项目正常运行的必要保证。

有的国家在市政公用事业民营化过程中，把特许经营过程中的争端处理方式作为重要内容写入了特许经营协议。如尼泊尔规定，如果在特许经营协议期内，政府和项目公司出现争议，那么由项目公司和政府主管部门书面向对方指派一名代表，代表各自立场进行谈判。如果在 30 天内不能解决纠纷，则将争议提交其各自的首席长官进行进一步的审议。如首席长官在 15 天内或双方同意的更长的时间内无法达成和解，任何一方都可以提交仲裁。仲裁委员会由三位仲裁员组成，双方各指定一名，另外一名由这两位仲裁员指定。仲裁具有最终法律效力。

还有的国家是通过较完备的立法来防止争端的。如英国在改革之初就建立了比较完备的法规来减少争端，这也是英国民营化过程中政府和特许经营企业较少出现争端的主要原因之一。在此基础上，英国政府建立了垄断与兼并委员会、公平贸易局和各个产业管理办公室进行管制。如果各产业管理办公室和受管制企业出现冲突和争议，那么将由垄断与兼并委员会进行裁决，裁决的结果具有最终法律效力。

三、防范恶意退出行为

防范投资人的恶意退出，关键在于合理限制，例如，规定在特许期前期的一定年限内（一般应包括建设期和运营稳定期）不得转让，之后具有运营资质并承担相关责任的股东不得转让；任何转让必须事先经政府审核同意。

但是，需要指出的是，联合体中的投资者退出不属于恶意退出。参加联合体的投资者，如专业的建筑性公司或投资性公司，它们对长期经营项目不感兴趣，也不擅长，让它们长期参与项目，既无必要，也会限制它们参与其他项目的能力，对培育特许经营的大市场不利。所以，允许这类投资人在一定条件下退出项目公司，符合市场化经济的宗旨，同时对项目无损。

四、加强听证制度的作用

1996 年 3 月 17 日颁布的《中华人民共和国行政处罚法》首次以立法的形式规定了听证程序，标志着行政听证制度在我国的确立。虽然至今为止行政听证制度引入我国只有十几年的时间，但它在公共政策领域发挥的积极作用越来越明显，所涉及的范围也越来越广。地方人大在制定有关法规时，举行立法性听证会；地方政府在制定有关公共政策的过程中，召集决策性听证会；行业主管部门特别是价格部门，就垄断性企业的产品提价一般也都举行价格听证会。听证会是一个征得利害相关人同意的过程，是一个不同利益群体表达自己的诉求，从而与政府部门或其他群体理性谈判的过程。

市政公用事业的特许经营项目关系到企业和广大消费者的利益，举行听证会是一种有效的沟通和协调方式。听证会可以由公用事业的管制部门组织，参加人员应包括特许经营者代表、项目相关方代表如设计与施工单位、消费者代表、专家学者代表。为了保证投票的公平性，每一类代表的人数应该保持大体相当。在程序方面，应保证在听证前、听证中对听证的信息严格保密。

在项目周期的不同阶段都可以进行听证。建议大型项目从立项到移交每个阶段都要召开听证会。项目规划阶段重点放在项目目标和项目规模方面的听证；可行性研究阶段的听证重点是项目监督指标和对项目受损群体的援助方面，以弥补专家评估的不足。专家评估往往依据科学的概率统计和国内外经验，而具体项目涉及的具体人群的具体承受力很可能出现显著差异，与其事后追加成本不如事前了解清楚，以便采取防范措施；施工阶段的听证，重点是发现施工效果和设计指标的差异并追究原因、制定对策；项目运营阶段重点放在产品和服务的质量、价格、总量和设计指标的差异，比较项目实施先后对消费者的影响。

总　结

在自然垄断行业管制理论的发展过程中，理论界逐渐认识到，好的管制政策的核心应该是促进竞争、提高效率。理论的变化反映在实践中，就是发达国家掀起了一股以放松管制和实施激励性管制为主要内容的改革浪潮。自然垄断行业的管制改革根本可以归结为政府与市场分工的调整。应该说，推动世界性自然垄断行业管制改革的原因除了技术的变化以外，政府失灵由此而引起的效率低下是更主要的原因。市场经济的发达程度决定了各国政府失灵的内容不尽相同，我国是转轨国家，政府经济管制中的政府失灵更有其特殊性。这样，我国与发达国家的改革既有共性，又有差异性。借鉴发达国家的理论与实践，必须立足于本国国情。

一、发达国家自然垄断行业政府管制体制变革的路径

20世纪70年代以来，发达国家在政府管制理论研究方面取得了新的进展，提出了不同于传统的新理论，重视发挥市场竞争机制在自然垄断行业中的重要作用，以提高运行效率，从而引发了一股自然垄断行业政府管制体制改革的浪潮。综观各国改革实践，不难发现，改革措施虽然五花八门，但总的表现为管制的放松，主要目的在于消除自然垄断企业与生俱来的以及由政府管制造成的种种低效率，可大致分为以引入竞争为主的放松管制和提高效率为主的激励性管制两大主要内容。

（一）以引入竞争为目的的放松管制

20世纪80年代以前，许多国家都对传统的自然垄断行业实行严格的价格

和准入管制。70 年代末开始，以美国和英国为代表的各发达国家纷纷放松管制，实行开放与竞争政策，积极引入市场竞争机制，自然垄断行业政府独家垄断经营的传统格局被打破，非国有化和私有化的趋势日趋显现。发达国家实施管制放松的范围广泛，铁路、航空、电力、交通运输、电信等行业几乎无所不包，通过分拆、重组、不对称管制等手段，努力消除对市场准入的严格管制，不断扩大竞争业务的范围，积极引入市场竞争机制。

（二）以促进效率为目的的激励管制

在放松管制的同时，发达国家对仍然需要管制的领域实行了不同以往的激励性管制。激励性管制的目的在于提高被管制企业的效率，具体措施有价格上限、区域竞争、特许投标。价格上限管制最早由英国政府于 20 世纪 80 年代初应用于电信、电力、煤气等行业，美国政府在 80 年代末，也将在电信行业长期采用的投资回报率法改为价格上限法。区域间竞争成功应用的一个例子是英国政府 80 年代末对自来水产业的管制。英国政府通过对英格兰和威尔士的 10 个地区自来水公司以及苏格兰的 12 个地区性自来水公司采用区域间比较竞争的方法，成功地促进了企业效率的提高。

二、从严格管制走向以促进竞争和效率为目标的管制的原因

（一）对自然垄断行业政府管制的传统认识

传统理论认为，自然垄断行业的规模经济决定了政府的进入管制，而垄断定价则导致了价格管制。为了保证效率和社会福利，政府必须实行严格的进入限制和价格限制。规模经济是自然垄断行业的基本特征，它是指平均生产成本随着生产规模的扩大而下降。这意味着，由一家厂商集中生产，比由若干家竞争性的厂商分别生产能够更加有效地利用资源。若由多数厂商进行竞争性经营，反而会造成重复建设和资源的浪费。这就需要政府进行进入限制，控制市场上的厂商数量。

从社会福利最大化的角度出发，由边际成本曲线和需求曲线相交决定的产量和价格是最有效率的。然而，规模经济条件下，厂商的边际成本总是低于平均成本，按边际成本确定产量会使生产者蒙受损失；如果允许厂商自由定价，在利润的驱动下，厂商必然会按边际成本等于边际收益的原则来定价以获取垄断利润。解决这一两难选择问题还须依靠政府的价格管制，在厂商和消费者利益之间寻求平衡。

（二）放松管制的依据：新理论与实践对传统管制的质疑与修正

1. 对自然垄断特性的重新描述：规模经济等同于自然垄断吗

传统的自然垄断理论建立在单一产品的假设之上，以规模经济来定义自然垄断。在以后的研究中，经济学家们越来越清晰地认识到传统理论存在的偏误。新的研究表明，自然垄断应该用成本弱增性而不只是用规模经济来定义。只在一家厂商生产其所有产品的总成本小于若干个厂商的成本之和，即具有部分可加性时，那么，该行业就属于自然垄断行业。具体又可分为两种情况：如果厂商只生产一种产品，那么规模经济是自然垄断的充分而非必要条件。也就是说，规模经济存在时一定是自然垄断，进一步看，厂商生产即使不处于规模经济阶段，但只要具有成本弱增性，仍然是自然垄断。如果厂商生产多种产品，那么规模经济与自然垄断就不存在确定的关系，决定自然垄断的是成本弱增性，通常用范围经济来描述。

成本弱增性这一概念的引入扩大了自然垄断的范围。根据平均成本的变化情况，自然垄断可分为强自然垄断和弱自然垄断。平均成本处于下降阶段的自然垄断为强自然垄断。平均成本处于上升时期时，则为弱自然垄断。可维持性理论表明，强自然垄断具有可维持性，即存在进入障碍，无须政府管制；弱自然垄断具有不可维持性，需要政府实施进入管制。

2. 自然垄断行业可竞争吗

（1）可竞争理论提供的新思路

“一刀切”的严格管制政策是传统自然垄断理论的产物，而可竞争市场理论的提出，改变了政府管制的传统思路，为政府开出新的管制药方提供了理论依据。该理论认为，迫于潜在竞争者的进入压力，产业内原有垄断者不能获得超额利润，从而整个市场可以实现效率。这样，即使是在传统的自然垄断行业，只要能够形成可竞争市场，那么，无须政府管制，同样可以实现效率。当然，可竞争市场理论本身的适用性在一定程度上受到其假设条件的制约。首先，新厂商只有在垄断厂商作出降价反应之前，以低价抢占市场，才能产生所谓压力。由于投资巨大，新厂商往往在短期内难以建成，这就为垄断厂商进行价格调整提供了机会。其次，对在位厂商产生压力的还有新厂商采取的“打了就跑”策略，即当无利可图时，新厂商就退出市场。但问题在于，在存在大量沉淀成本的情况下，新厂商几乎不可能实施这一策略。

尽管如此，可竞争市场理论对于政府管制仍然具有积极的意义。它的贡献不是证明了自然垄断行业是具有竞争性的，实际上，由于假设条件的缺陷，实践中也不可能得出这样的结论。它的真正贡献在于为政府提供了这样一种思路：管制不是提高自然垄断行业效率的唯一和最佳办法。只要放松管制，创造可竞争的环境，就可以通过市场机制的自发作用来达到目的。

(2) 特许投标理论、区域间比较竞争理论解决了“马歇尔两难”

“马歇尔两难”是指规模经济与竞争之间的矛盾。在自然垄断行业中，为了追求规模经济，需要维持垄断，从而需要政府的管制；而垄断天生的弊端只有通过竞争才能消除，因而管制与竞争两者无法相容。直到特许投标理论、区域间比较竞争理论的提出，规模经济与竞争效率的相容问题才得到解决。特许投标是指政府和公共团体在提供公共服务或公益事业服务时，认定由某一特定厂商承包有效的前提下，给予厂商特许垄断权。为了给厂商以提高效率的刺激，在一定的特许期限后再通过竞争投标来决定将特许权授予能以最低价格提供服务的厂商。如果在投标阶段有比较充分的竞争，价格就可望达到平均成本水平，获得特许经营权的厂商也只能得到正常利润。这样，既保证了规模经济效益，又实现了福利最大化。区域间比较竞争主张通过建立特定地区被管制企业与其他地区企业的比较评价体系，来促进被管制企业提高效率。这两个理论在发达国家的管制改革实践中的成功应用证明了管制可以与竞争相容。

(3) 技术因素导致的自然垄断性质的变化

除了从理论得出自然垄断行业的“垄断”性质并非绝对的结论，实践也证明了自然垄断行业会随着某些因素的变化而变得具有竞争性。

首先，传统的自然垄断行业一般具有垂直一体化的结构，即一家厂商垄断产品或服务从生产到销售的所有环节，但技术的发展和革新使得某些业务成为可竞争的，从而为打破传统的垂直一体化结构、对某些业务放开管制、引入竞争创造了条件。电信业是典型的例子。现在除了“最后一公里”的可竞争性存在争议之外，其他环节的竞争经营都早已实现。

其次，市场需求量的变化也促成了自然垄断行业的竞争格局。随着经济的发展，某些自然垄断产品和服务的需求不断增加，一旦市场需求量超过成本弱增所对应的需求量之后，该行业就成为竞争性的行业。例如，我国电信业的政府管制改革，就是源于邮电部拥有的公用网无法满足电信市场日益扩大的需求。

3. 政府管制能够实现效率的初衷吗

(1) 俘虏理论以及寻租事实对公共利益理论的否定

传统的管制理论以政府管制目的在于增进公共利益为出发点，20 世纪 70 年代提出的管制俘虏理论对此进行了否定，认为政府管制是为了满足产业对管制的需要而产生的，即立法者被产业所俘虏，管制机构最终被产业所控制，即执法者为产业所俘虏。由于政府管制是为了平衡各集团的利益而不是提高社会福利，因而管制可能是低效或无效的。施蒂格勒所做的实证研究表明，受管制的产业并不比不受管制的产业具有更高的效率和更低的价格。

尽管与可竞争市场理论一样，政府管制俘虏理论自身也存在许多不完善之处。但无可否认的是，现实中的确存在着大量设租、寻租的行为，这正是对俘虏理论的真实写照。丹尼尔·史普博认为，管制的过程是由被管制市场中的消费者和厂商、消费者偏好和厂商技术、可利用的战略以及规则组合之间的一种博弈，这是管制的应有之义。总之，该理论为政府放松管制提供了又一重要依据。

(2) 现实中存在着高昂管制成本

高额的管制成本是降低管制效率，促使政府放松管制的另一重要原因。政府的管制成本可以分为两类：一类是由政府承担的成本，主要包括立法、执法过程中发生的费用；另一类是由被管制厂商承担的成本，主要是执行管制政策、向管制当局游说或寻租的成本。据测算，1986 年澳大利亚管制成本占

GDP的9%～19%，加拿大为12%。1991年美国联邦管制成本约为5420亿美元，占当年GDP的9.5%，仅文件处理成本就高达2亿美元。

（3）传统的投资回报率法下，处于竞争市场中的厂商也会出现低效率

长期以来，各国对自然垄断行业的价格管制实行的是投资回报率法，在这种方法下，被管制厂商在资产的基础上，按照规定的资本回报率作为定价标准。这种价格管制方法存在严重的缺陷，即所谓的A—J效应。也就是说，这种方法会刺激厂商尽可能多地投资，以获得更多的利润。这就意味着，厂商选择的生产要素组合不是成本最小的，而是更多资本的要素组合，从而不是在最低社会成本下生产，产出可能不足。

投资回报率法的缺陷促使政府重新思考价格管制的方法。尽管可以在自然垄断行业引入竞争者，但由于其技术方面的特点，毕竟难以形成像一般竞争行业那样的接近完全竞争的格局，通常是维持寡头竞争或垄断竞争的状态，垄断弊端也就不可能自行消失，从而价格管制是必需的。但是，价格管制如果不能有效地促使厂商提高效率，那么，即使引入竞争者，由于竞争程度的有限性，厂商仍将是低效的，消费者福利仍然得不到改善。这样，就需要一种既能够将价格和利润保持在合理水平，又能激励厂商降低成本的价格管制方法，价格上限法正是基于这一思想而设计的。

（4）管制理论的最新发展使政府重视信息不对称下的激励效果

随着信息经济学的发展，最近20年，管制的最大进展就是在管制行为中考虑了信息不对称问题。新的理论对管制实践变革的贡献主要在于认识到政府管制政策的激励性可能会由于不对称信息而大大降低，因而在设计政策时应该尽可能地利用厂商的私有信息，以实现厂商的自我选择。设计激励性管制方案时，应该考虑能够实现以下两个目的：首先，使现有厂商充分考虑其成本以提高劳动生产率；其次，赋予厂商更多确定服务收费的自由度，从而使厂商更加趋于按商业原则经营。价格上限管制是激励性管制的最主要的一种措施。从理论上讲，在价格上限管制中，可以通过让厂商自己选择定价得到拉姆士价格结构。

三、对我国政府管制改革的启示

（一）效率是政府管制的出发点和归宿

综观各国放松管制的实践及主要原因，不难得出以下结论：效率是指导政府管制改革的首要原则。政府介入自然垄断行业，是基于这样的认识：一方面，自然垄断行业具有垄断的危害性，为克服这一弊端，需要价格管制；另一方面，自然垄断业务具有规模经济的特点，可节约社会资源。为了保证规模效益，需要进入管制。

如果说政府的管制是以增加社会福利、促进效率为宗旨，那么，政府放松管制同样是以此为出发点。之所以放松管制，是因为新的理论和实践完善了人们对自然垄断的认识。自然垄断成本弱增性的天然性质仍然是进入管制的主要理由，但这一天性并非一成不变，某些因素的变化将使其丧失“自然垄断”性而成为可竞争的。而且，好动机可能产生坏效果。由于管制成本高昂，制度的不健全为寻租提供大量机会，政府管制在实践中易产生负面影响。因此，无论是为了适应自然垄断性质的变化，还是避免政府的低效率，都是必要的。

然而，更为全面地看，放松管制并没有完全取代严格的管制。管制的放松不是绝对的，新的管制会伴随着管制的放松而出现。例如，美国电话电报公司的解体在一定程度上增加了州政府管制的范围和权力，州政府对电信服务价格的传统管制得到强化。而且，法院也加强了对电信厂商的管制活动，并开始参与对产业绩效的定期审查。以上事实深刻地揭示了效率才是唯一的准绳。政府之所以在加强管制与放松管制之间不断地更替变换，其目的正是在于寻求实现效率的次优政策。

当然，政府的管制通常还包括基于社会公平的目的而实施的普遍服务政策，表面上看起来，似乎不应将效率看成是政府管制的首要准则。但进一步分析，则会发现这两者其实并不矛盾。普遍服务与交叉补贴是传统管制下的孪生兄弟，交叉补贴的存在引起了一系列效率损失问题。首先，在很长一段时期内，垄断厂商的地位在很大程度上依靠这一政策。其次，放松管制后，由交叉补贴引起的"吸奶脂"问题又使得原垄断厂商难以维持普遍服务。此外，这种补贴本身并没有达到"富人补贴穷人"的目的。交叉补贴存在的弊端使政府重新思考如何在尽可能地减少效率损失的情况下来实施普遍服务。基于这种出发点，普遍服务基金、拍卖机制等制度被引入普遍服务。普遍服务筹资新机制说明社会公平可以以更有效率的方式实现，从而更加深刻地反映出效率准则在政府管制中的基础地位。

（二）我国的放松管制与发达国家放松管制的内涵与重点不同

自然垄断行业的管制改革可以根本归结为政府与市场分工的问题。现代经济理论的发展为这一领域的研究提供了很多有益启示。推动世界性自然垄断行业管制改革的原因除了技术上的原因外，政府失灵是更主要的原因。这里的政府失灵表现为两个方面：一是政府的管制行为对公共利益的背离；二是虽然基于好的动机，但由于政策设计本身的不完善而导致的低效或无效。第一种失灵促进了政府管制的放松，第二种失灵则促使了激励性管制的出现。应该说，第一种失灵是更为广泛意义上的失灵，它与一国的体制背景联系更加密切。市场经济的发达程度决定了各国的第一种政府失灵的内容不尽相同，尤其我国是转轨国家，政府失灵更有其特殊性。

英美等发达国家的自然垄断管制问题一直以来都处于市场经济比较成熟的背景之下，而我国却是在体制转轨阶段来解决这一问题的。转轨制度决定了我国现行的自然垄断行业管制不可避免地会深深地刻上转轨经济的烙印，我国的自然垄断并不"自然"，它与长期以来的行政垄断是紧紧纠缠在一起的。如果说发达国家的管制是反垄断性的，那么我国的管制长期以来却有抑制竞争的特点。这样，我国的政府失灵内容比发达国家更为复杂，我国也需要放松管制，但内涵和重点与发达国家不同，我国更需要的是打破计划经济时期遗留下来的行政垄断，规范政府的行为。

（三）构建我国的激励性管制应更多关注制度环境

激励性管制以提高管制效率、促进市场机制的作用为其政策宗旨，因而其基本理论与实践毫无疑问对我国的改革具有积极借鉴意义，但其毕竟是根植于其制度土壤中的，引进这些理论与实践必然受到我国现实的制度环境约束，因而我国引入激励性管制的路径及内容与发达国家有所不同。

这种不同可以归纳为以下两个方面：一方面，我国改革遵循的是渐进式的道路，经验说明，改革过于激进往往适得其反。因此，不是照搬发达国家经验，而是找到可以平衡各方利益，又能够促成有效竞争格局和产生激励效果的改革方案，才是我国自然垄断行业政府管制改革更为现实可行的出路。另一方面，激励性管制与经济政治的某些制度因素密切相关。较低的公共资金成本，高效的审计核算制度以及比较廉洁、高效、诚信的政府是发达国家实施其激励性管制措施的基本制度基础，而我国目前在这些方面都存在明显的欠缺。所以，更多地关注与改变我国面临的特殊的转轨环境和经济制度的现有特征，是设计我国自然垄断行业政府管制改革具体方案的关键。

参考文献

中文部分

[1] 白天亮：《重组让民航竞争更充分》，《人民日报》，2009 年 9 月 18 日，第 9 版。

[2] 曹艳秋、林西木：《电信行业管制的国际比较及对我国的启示》，《经济社会体制比较》，2002 年第 6 期。

[3] 陈建：《政府与市场：美、英、法、德、日不同市场经济模式研究》，经济管理出版社 1995 年版。

[4] 童新朝：《从北京、天津的实例看地方特许经营立法中的问题》，中国水网，2005 年 9 月。

[5] 高伟娜：《电力产业价格规制的演变与改革》，《价格月刊》，2009 年第 4 期。

[6] 过勇、胡鞍钢：《行政垄断、寻租与腐败》，《经济社会体制比较》，2003 年第 2 期。

[7] 赫从喜：《城市公用事业的放松管制与管制改革》，《城市发展研究》，2002 年第 2 期。

[8] 洪隽：《欧洲电价监管及对我国电价改革的启示》，《中国价格监督检查》，2008 年第 7 期。

[9] 胡家勇：《国有经济规模：国际比较》，《改革》，2001 年第 1 期。

[10] 黄清：《电力行业放松规制改革政策效果的实证研究》，《山西财经大

学学报》，2009 年第 1 期。

［11］黄少安：《四元主体联合创新中国铁路体制——以广东省三茂铁路公司的创建和发展为例分析中国铁路管制的放松》，载于张曙光主编：《中国制度变迁的案例研究》（第二集），中国财政经济出版社 1999 年版。

［12］黄少中：《中国电价改革回顾与展望》，《价格理论与实践》，2009 年第 10 期。

［13］蒋先福：《从身份社会向契约社会的转化及社会条件》，《湖南师范大学社会科学学报》，1995 年第 1 期。

［14］金永祥：《城市经营之大岳方法》，中国市场出版社 2006 年版。

［15］李成瑞：《关于我国目前公私经济比例的初步测算》，《中华魂》，2006 年第 8 期。

［16］李虹：《中国电价改革研究》，《财贸经济》，2005 年第 3 期。

［17］李郁芳：《体制转轨时期的政府微观规制行为》，经济科学出版社 2003 年版。

［18］刘纪鹏：《从国电公司改革看我国电力工业发展》，《中国工业经济》，2000 年第 8 期。

［19］刘戒骄：《网络产业的放松规制与规制改革》，中国社会科学院研究生院博士论文，2001 年。

［20］刘树杰：《垄断性产业价格改革》，中国计划出版社 1999 年版。

［21］柳新元：《利益冲突与制度变迁》，武汉大学出版社 2002 年版。

［22］刘志彪、姜付秀：《我国产业行政垄断的制度成本估计》，《江海学刊》，2003 年第 1 期。

［23］鲁再平、许正中：《中国政府规制目标及其效率分析》，《江汉论坛》，2003 年第 5 期。

［24］卢洪友：《公共品调节机制研究》，《财经论丛》，2002 年第 7 期。

［25］吕志勇、陈宏民：《我国自然垄断行业市场化改革的几个关键问题研究》，《中国工业经济》，2003 年第 8 期。

［26］马建堂：《中国国有企业改革的回顾与展望》，经济管理出版社 2000 年版。

[27] 马树才、白云飞：《我国行政垄断行业的社会成本估计——基于塔洛克模型》，《辽宁大学学报（自然科学版）》，2008 年第 1 期。

[28] 欧阳武：《美国的电信管制及其发展》，中国友谊出版公司 2000 年版。

[29] 钱颖一：《市场与法治》，《经济社会体制比较》，2000 年第 3 期。

[30] 佘润申：《公共品特许经营的历史演进》，《城市管理》，2004 年第 2 期。

[31] 汤敏、茅于轼：《现代经济学前沿专题》（第二辑），商务印书馆 2002 年版。

[32] 王俊豪：《英国自然垄断产业政府管制体制改革》，上海三联书店 1998 年版。

[33] 王俊豪：《政府管制经济学导论》，商务印书馆 2001 年版。

[34] 王俊豪、周小梅：《中国自然垄断产业民营化改革与政府管制政策》，经济管理出版社 2004 年版。

[35] 王俊豪：《中国垄断性产业结构重组分类管制与协调政策》，商务印书馆 2008 年版。

[36] 王玮：《我国市场化改革中的财政分权——效应分析与政策选择》，厦门大学博士论文，2003 年。

[37] 王晓冰：《电力改革方案始末》，《中国改革》，2004 年第 4 期。

[38] 王信茂：《"十一五"电力体制改革有三大难点》，《中国经济时报》，2006 年 11 月 20 日，第 4 版。

[39] 王学庆：《垄断性行业的政府管制问题研究》，《管理世界》，2003 年第 8 期。

[40] 武剑红：《竞争与管制理论在中国铁路改革中的应用》，载于张昕竹主编：《中国规制与竞争政策》，社会科学文献出版社 2000 年版。

[41] 宇燕、席涛：《管制型市场与政府管制》，《世界经济》，2003 年第 5 期。

[42] 夏大慰、史东辉等：《政府规制：理论、经验与中国的改革》，经济科学出版社 2003 年版。

［43］肖兴志：《自然垄断产业规制改革模式研究》，东北财经大学出版社 2003 年版。

［44］姚峰：《两部制电价会导致不公》，《21 世纪经济报道》，2004 年 4 月 5 日，第 11 版。

［45］于良春、丁启军：《自然垄断产业进入管制的成本收益分析——以中国电信业为例的实证研究》，《中国工业经济》，2007 年第 1 期。

［46］于良春等：《自然垄断与政府管制——基本理论与政策分析》，经济科学出版社 2003 年版。

［47］余晖等：《公私合作制的中国试验——中国城市公用事业绿皮书》，上海人民教育出版社 2005 年版。

［48］张磊：《产业融合与互联网管制》，上海财经大学出版社 2001 年版。

［49］张群群：《行政垄断：实质、成因及其对市场建设和服务业发展的影响》，第四届中国宏观经济运行与政策论坛。

［50］张维迎：《电信业竞争规则的形成与反垄断问题：兼评盛洪〈竞争规则是如何形成的——联通进入电信业后的案例研究〉》，载于张曙光主编：《中国制度变迁的案例研究》（第二集），中国财政经济出版社 1999 年版。

［51］张馨：《论公共经济学的研究对象》，《公共经济研究》，2003 年第 1 期。

［52］周林军：《公用事业管制要论》，人民法院出版社 2004 年版。

［53］周其仁：《改革管制方式——为“新经济”破题》，《人民日报》，2000 年 7 月 5 日，第 3 版。

［54］周其仁：《数网竞争》，三联书店 2001 年版。

［55］周勤、张向阳：《美国加州电力危机的成因及其思考》，《价格理论与实践》，2001 年第 10 期。

［56］邹东涛、秦虹：《社会公用事业改革攻坚》，中国水利水电出版社 2005 年版。

［57］《中国统计年鉴》（1996～2009）、《2008 年国民经济与社会发展统计公报》，统计局网站。

［58］《全国通信业发展统计公报》（2005～2009）、《全国电信业统计公报》

(2008～2009)，信息和工业化部网站。

[59]《2003 年电力可靠指标发布会》，中国电力企业联合会网站。

[60]《2004 年电力供需情况和 2005 年形势报告会》，中国电力网站。

[61]《电力监管报告》(2006～2008)、《2008 年电价执行情况监管报告》，国家电监会网站。

中译本部分

[1]［美］丹尼尔·F. 史普博:《管制与市场》，余晖等译，上海三联书店 1999 年版。

[2]［美］丹尼尔·耶金等:《制高点——重建现代世界的政府与市场之争》，段宏等译，外文出版社 2000 年版。

[3]［德］柯武刚、史漫飞:《制度经济学：社会秩序与公共政策》，韩朝华译，商务印书馆 2000 年版。

[4]［英］约翰·穆勒:《政治经济学原理及其在社会哲学上的应用》，胡企林、朱泱译，商务印书馆 1991 年版。

[5]［美］约翰·伊特韦尔等编:《新帕尔格雷夫经济学大辞典》(第三卷)，经济科学出版社 1992 年版。

[6] 世界银行:《1994 年世界银行发展报告：为发展提供基础设施》，毛晓威等译，中国财政经济出版社 1994 年版。

[7]［美］斯蒂格利茨:《促进管制与竞争政策——以网络产业为例》，载于张昕竹:《中国规制与竞争：理论与政策》，中国社会科学文献出版社 2000 年版。

[8]［美］斯蒂格利茨:《经济学》，姚开建等译，中国人民大学出版社 1997 年版。

[9]［日］植草益:《微观规制经济学》，朱绍文、胡欣欣等译，中国发展出版社 1992 年版。

[10]［加］Hank Intven 等编著:《电信规制手册》，管云翔译，北京邮电大学出版社 2001 年版。

英文部分

[1] Baumol, W. J. , On the Proper Cost Tests for Natural Monopoly in a Multiproduct Industry, American Economic Review, 67 (5), 1977.

[2] Becker, G. S. , A Theory of Competition among Pressure Groups for Political Influence, Quarterly Journal of Economics, 98 (3), 1983.

[3] Clark, J. M. , Toward a Concept of Workable Competition, American Economic Review, 30 (20), 1940, pp. 241-256.

[4] Demsetz, H. , Why Regulate Utilities, Journal of Law and Economics, 11 (2), 1968.

[5] Harberger, A. C. , Monopoly and resource allocation, American Economic Association, Papers and Proceedings, 44 (2), 1954.

[6] Kahn, A. E. , The Economics of Regulation: Principles and Institutions, New York: Wiely, 1988.

[7] Paul, L. Joskow and Roger, G. Noll, Regulation in Theory and Practice: An Overview, Working Papers 218, Massachusetts Institute of Technology (MIT), Department of Economics, 1978.

[8] Panzar, J. C. and R. D. Willg, Free Entry and the Sustainability of Natural Monopoly, Bell Journal of Economics, 8 (1), 1977.

[9] Peltzman, S. , Toward a More General Theory of Regulation , Journal of Law and Economics, 19 (2), 1976.

[10] Stephen H. Sosnick, A Critique of Concept of Workable Competition, Quarterly Journal of Economics, 72 (3), 1958.

[11] Steven K. Vogel, Freer Markets, More Rules: Regulatory Reform in Advanced Industrial Countries, Cornell University Press, 1996.

[12] Stigler, G. J. , The Theory of Economic Regulation, Bell Journal of Economics and Management Science, 2 (1), 1971.

[13] Stigler, G. J. and C. Friedland , What can Regulates: The Case of

Electricity，Journal of Law and Economics，5（2），1962.

[14] Tullock，G.，The Welfare Costs of Tariffs，Monopolies and Theft，Western Economic Journal，5（3），1967.

[15] Willam，W. Sharkey，The Theory of Natural Monopoly，Cambridge University Press，1982.

后　记

本书是在博士论文基础上修改而成的。从世界范围内来看，自然垄断行业改革虽然始于20世纪70年代末80年代初，但是，这一改革在我国涉及行政管理、法律、财政、收入再分配等诸多重要领域的改革，本质上，它是在市场经济转轨过程中对政府“有形之手”与市场“无形之手”关系的动态调整。一方面，它既是上述各领域改革推动的结果，需要与各项改革的进程相协调并受制于各领域的制度环境；另一方面，又需要借助各项改革的实施及其成果来实现公平前提下的效率增长目标。从这样的意义来说，尽管自然垄断行业改革的序幕在近30年前就已拉开，但直到当前仍然是一场攻坚改革。本书是在学习研究大量的已有研究成果，并参与多个公用事业改革课题调研的基础上，展开思考所形成的产物。

本书的完成首先要衷心感谢我的博士生导师厦门大学经济学院财政系张馨教授的指导与教诲，师恩难忘，只有不断努力以求对恩师的点滴回报。本人现在的工作单位中国人民大学公共管理学院也为本书的写作、出版提供了非常便利的条件，在这个民主、求实的集体中工作，能够不断地汲取到新的学术营养。在写作与修改过程中，参阅了大量的文献，这些文献的作者都是本人学习、研究自然垄断改革问题未曾谋面的良师益友。此外，对于经济管理出版社专业、高效的工作，在此也表示诚挚的谢意！

由于学识有限，本书的错误与瑕疵在所难免，希望同行与读者不吝指正！

李　青

2010年4月于中国人民大学求是楼

后 记

本书是在博士论文基础上修改而成的。从世界范围内来看，自然垄断行业改革最早始于20世纪70年代末80年代初。但是，这一改革也部分涉及行政管理、社保、财政、收入再分配等诸多延伸领域的改革。本质上，它是在中国经济转轨过程中对政府"有形之手"与市场"无形之手"关系的动态调整。一方面，它既是上述各领域改革推动的结果，需要与各项改革的进程相配合协调，并也是各领域的制度环境；另一方面，又需要借助各领域的改革实施效果来实现公平和效率的改革总体目标。从这样的意义来说，尽管自然垄断行业改革的序幕在近30年前就已拉开，但是到当前仍然是一场深层次改革。本书就是在综合研究大量的已有研究成果，并参与多个垄断行业改革课题调研的基础上，进行思考所形成的产物。

本书的完成首先要衷心感谢我的博士生导师厦门大学经济学院[illegible]教授的精心指导和教诲，师恩难忘，只有不断努力以求对恩师的点滴回报。本人现在的工作单位中国人民大学公共管理学院也为本书的写作、出版提供了非常便利的条件。在这个民主、求实的学术集体中工作，能够不断增强从事研究的学术动力。在写作与修改过程中，参阅了大量的文献，这些文献的作者都是本人学习、研究自然垄断改革问题期间的良师益友。此外，对于出版社专业、高效的工作，在此也表示衷心的谢意！

由于学识有限，本书的错误与疏漏在所难免，恳请同行与读者不吝指正！

李 青

2010年1月于中国人民大学求是楼

经济管理学术文库

书 名	作 者	单价
企业联盟的实现方式研究	陈黎琴 著	38.00
外资技术溢出机制分析与实证检验——兼论本地企业的机遇与风险	周 剑 著	28.00
企业演化机制及其影响因素研究	陈金波 著	45.00
金融投资理论及其运用	张红梅 著	35.00
销售人员薪酬激励研究	陈晓东 著	28.00
会计契约本质与会计规则变迁	刘丽娜 著	39.00
工序质量控制理论与应用	于 涛 著	35.00
职位空缺的理论回顾、数据测量及决定因素——来自劳动力需求角度的就业测量研究	唐 鑛 著	30.00
企业内部市场化——大型企业的一种管理模式	陈高生 著	29.00
煤炭生产系统风险评价理论与方法	马谦杰 著	28.00
引进智力与自主创新	费英秋 主编	38.00
跨国并购：驱动、风险与规制	叶建木 著	35.00
信托公司主营业务塑造及其风险控制	栗玉仕 著	33.00
中国上市公司换股合并研究	栗煜霞 著	42.00
文化驱动力——基于企业文化的心理授权对知识型员工组织承诺影响的实证研究	雷巧玲 著	29.00
激励创新——科技人才的激励与环境研究	文 魁 吴冬梅 等著	58.00
欠发达地区开放型经济发展动力研究	曾海鹰 著	32.00
可转换公司债券融资问题研究	何媛媛 著	39.00
国有及国有控股公司治理研究——产权契约分析的视角	郭金林 著	45.00

续表

书　名	作　者	单价
中国企业资本结构：理论与实证分析	卢宇荣　著	29.00
企业网络能力——网络能力、创新网络及创新绩效关系研究	陈学光　著	39.00
金融市场风险的测度方法与实证研究	王新宇　著	39.00
我国电力产业价格链设计理论及方法	谭忠富　王绵斌 姜海洋　王成文　著	38.00
企业结构绩效与路径依赖——以新疆农产品加工企业为例	马玲玲　著	29.80
上市公司非公平关联交易研究	刘建民　著	38.00
亚洲债券市场发展研究	李　扬　曹红辉　著	35.00
自主创新与区域建设	林迎星　等著	48.00
企业经营绩效评价——基于利益相关者理论的研究	郝云宏　曲　亮 吴　波　等著	38.00
产业集群技术学习机制研究	迟文成　孟　越　著	38.00
证券公司经营者监控失灵——基于公司治理视角的研究	蒋序标　著	36.00
银行资本监管研究	刘　夏　蒲勇健　著	35.00
虚拟企业知识转移的研究	张红兵　著	32.00
自然人控股公司的治理与绩效	秦丽娜　著	32.00
闭环供应链鲁棒运作模型与仿真	徐家旺　朱云龙　著	32.00
产业集群竞争力的理论与评价方法研究	赵　强　孟　越 王春晖　著	35.00
衍生金融工具会计信息披露问题研究	张国永　著	28.00
中国煤炭需求复杂网络结构建模研究	谭玲玲　著	39.00
商业银行企业社会责任标准与机制研究	朱文忠　著	29.00
商业银行风险管理：理论与实践	许　文　徐明圣　著	25.00
盈余管理影响因素研究——公司治理视角	王生年　著	25.00
企业信息系统创新性使用的实证研究	王　玮　著	35.00
外商直接投资与中国经济增长——基于技术外溢效应的研究	孙雅娜　著	45.00

续表

书　　名	作　者	单价
数字信息资源开发与建设	马春燕　编著	35.00
政府效率测度	唐天伟　著	30.00
上市公司治理机制——基于两类代理成本的研究	杨松武　著	28.00
零售业并购中财务资源整合研究	刘　颖　潘春玲 孙德海　乔治林　著	28.00
研发效率的区域性差异——基于中国大中型工业企业数据的经验分析	何禹霆　王　岭　著	32.00
果林早花的生物学基础与区域经济发展引致效应	刘淑芳　著	20.00
我国金融电子化自主创新对策研究	施慧洪　著	29.00
区域技术扩散与产业梯度转移问题研究	张经强　著	39.00
中国高校产业管理体制改革——基于制度变迁理论的研究	王　均　著	36.00
顾客体验对品牌关系的影响研究——以商场购物为例	周建设　著	20.00
企业社会资本与技术创新关系研究	刘寿先　著	33.00
前言采购管理理论	敬辉荣　著	
基于不同产业劳动报酬差异的研究	丁梓楠　著	32.00
转型经济中的多元化发展战略与企业价值关系研究	杨　林　著	39.00
组织复杂性管理　通过结构敏感性管理组织复杂性	许正权　宋学锋　著	39.00
法制环境、控股股东与企业业绩	邓德军　著	24.00
社会风险预警研究	陈秋玲　著	45.00
技术范式转变视角下的企业动态能力	尹丽萍　著	38.00
企业社会责任和企业绩效	李新娥　著	28.00
A股上市公司行业效率的影响因素实证研究	马慧敏　著	35.00
探索性创新、开发性创新与企业绩效关系研究	李剑力　著	38.00
粮食安全与粮农增收目标的公共财政和农业政策性金融支持研究	赵文先　著	39.00
自然垄断行业管制改革比较研究	李　青　著	28.00